DER FALL
DER BRÜDER
SCHLUMPF

DER FALL DER BRÜDER SCHLUMPF

FRANCIS LAFFON
ELISABETH LAMBERT

AUS DEM FRANZÖSISCHEN VON
ROLAND FISCHER
UNTER MITARBEIT VON
JOACHIM FRITZ-VANNAHME

LAYOUT
ANDRE RODEGHIERO

BUEB & REUMAUX

Erste Auflage: 1982

ISBN 2-86526-003-8

Im Morgengrauen des 7. März 1977 dringt ein Kommando in ein gut bewachtes Heiligtum ein: in die einzigartige Automobilsammlung von Fritz und Hans Schlumpf im elsässischen Mülhausen. Doch die Eindringlinge sind keine Ganoven, sondern Arbeitslose. Sie gehören zu jenen zweitausend Menschen, die auf die Straße gesetzt wurden, als das Textilimperium der beiden schweizer Industriellen zusammenbrach.

Gewerkschaftler beschlossen, das Museum zu besetzen und machten es so 1977 bis 1979 dem Publikum überhaupt erst zugänglich. Der Erfolg ihrer Aktion ist außerordentlich: Hunderttausende von Besuchern kommen aus allen Himmelsrichtungen. Vor glitzerndem Chrom und blitzendem Blech stellen sich alle dieselbe Frage nach der dunklen Vorgeschichte dieser Sammlung.

Die Affäre Schlumpf ist vor allem die Geschichte eines Vogesentales und seiner Bevölkerung, über die zwei Industrielle fast 40 Jahre lang inner- und außerhalb ihrer Fabrik unumschränkt herrschten. Es war dies das Goldene Zeitalter der Textilindustrie und die Epoche eines ausgeprägten Paternalismus. Eine Ära, die erst Anfang der 70er Jahre zu Ende geht: Die Gewerkschaftler werden wach, die Krise der Textilindustrie verschärft sich. Und vor allem wird sichtbar, daß die Massenkäufe von Oldtimern viel zu viel Geld verschlungen haben.

Wie verwandelte sich im Tal von Sankt Amarin Resignation in Revolte? Wer waren überhaupt die Brüder Schlumpf? Wie erwarben sie in 20 Jahren Hunderte der schönsten Autos der Welt? Warum brach ihr Imperium zusammen?

Fragen, die eine ausführliche Antwort verlangen. Heute, nach der offiziellen Eröffnung des «Musée national de l'automobile» in Mülhausen, ist der Augenblick gekommen, mit dem nötigen Abstand die fantastische Geschichte dieser Affäre in Wort und Bild zu erzählen.

Daten und Fakten

Bugatti «Royale»

1904-1918 Geburt von Hans (1904) und Fritz Schlumpf (1906) in Omegna, Italien. Der Vater ist Schweizer. 1906 siedelt die Familie nach Mülhausen im Elsaß über. Die Mutter stammt aus dieser Stadt. Der Vater stirbt 1918.

1925-1930 Die beiden Brüder treten ins Berufsleben, Hans bei einer Bank, Fritz in der Textilbranche.

1935-1940 Die beiden Brüder gründen die «Société anonyme pour l'industrie lainière» (Aktiengesellschaft für Wollindustrie). Fritz kauft seinen ersten Bugatti. 1939 kommt er in den Verwaltungsrat der «Filature de laine peignée» (Kammwollspinnerei) von Malmerspach, im Thannertal bei Mülhausen. Ein Jahr später ist er Vorsitzender des Verwaltungsrates.

1950-1970 Nach und nach kommen die «Tissages Deffrenne» in Roubaix, die «Filature d'Erstein», bei Straßburg, die «Filature HKC» in Mülhausen, in den Besitz der beiden Brüder. Ihre Mutter stirbt 1957. Fritz beginnt mit seiner Autosammlung. Nach 1960 kommen immer mehr Fahrzeuge hinzu: Die nunmehr stillgelegte HKC wird nach und nach als künftiges Museum ausgebaut.

1976-1979 Der Schlumpfkonzern meldet Konkurs an. Die beiden Brüder flüchten nach Basel, um sich nicht vor der französischen Justiz verantworten zu müssen. Die Arbeiter besetzen das Museum 1977 und machen es zwei Jahre lang dem Publikum zugänglich.

1981 Das Mülhauser Gericht genehmigt den Verkauf des Museums an eine Vereinigung, deren Beteiligte die Stadt Mülhausen, das Département Haut-Rhin, die Region Elsaß, die Industrie- und Handelskammer Mülhausen, die Gesellschaft Panhard und der «Salon de l'Auto» in Paris sind.

1982 Eröffnung des «Musée national de l'automobile» mit 437 Fahrzeugen.

1984 Zwei Jahre nach seiner Eröffnung feiert das Museum seinen millionsten Gast.

Ein stilles Tal

1 Ein stilles Tal

Malmerspach und die Spinnerei im Jahre 1942 (vorhergehende Seite).

Ein Septembertag 1939. In den frühen Morgenstunden machen sich die Männer von Geishausen auf den Weg ins Tal. Dort unten, wo die letzten Tannen stehen, liegen Malmerspach und seine Kammwollspinnerei. Diese beschäftigt 1200 Arbeiter aus dem ganzen Tal und von den angrenzenden Höhen.

Die ausgedehnte Anlage der Spinnerei wird von Mauer und Wassergraben wie eine mittelalterliche Festung umschlossen. Selbst die Brücke zum Eingangstor fehlt nicht.

Die Leute von Geishausen gehen zu Fuss: Ihr Dörfchen liegt weit oberhalb der Eisenbahn, die die Talgemeinden versorgt. Diese liegen wie ein Kranz am Fusse der waldigen Höhen und am Ufer der Thür: Krüth, Malmerspach, Moosch, Sankt Amarin...

Die Arbeit beginnt an diesem Tag wie gewöhnlich um Viertel nach sechs. Ein Morgen wie alle anderen, wäre da nicht eine kleine Veränderung. Von heute an haben die Arbeiter einen neuen Chef: Fritz Schlumpf.

Dieser Schweizer Industrielle wird bald wie ein absoluter Herrscher über die Spinnerei regieren. Noch aber kennt ihn niemand genau. Seine Ernennung spricht sich kaum herum. Er oder ein anderer – was macht das schon aus? Hauptsache, das Werk läuft weiter und man behält seine Arbeit.

Doch die Firma braucht etwas jugendlichen Schwung und Elan. Fritz ist 33 Jahre alt, besitzt einen ausgeprägten Geschäftssinn und hat dies anderweitig schon unter Beweis gestellt. Er lässt sich ohne viel Aufsehen zu erregen im Sankt Amarintal nieder, das ein wenig abseits vom Industriegetöse der Ebene rund um Mülhausen liegt. Hinter Malmerspach wird die Straße in die Vogesen rasch schmaler und endet in Wildenstein. Von dort aus ermöglicht nur noch der Pass von Bramont den Übergang.

Diese Straße, die unscheinbare und verträumte Dörfer durchquert und in jene Wälder führt, in die die Fabriken in der Vergangenheit breite Lichtungen geschlagen haben, ist gleichwohl ein al-

September 1939: Krieg in Europa. Zwei junge schweizer Geschäftsleute übernehmen in einem Vogesental die Leitung einer jahrhundertalten Spinnerei. Niemand kennt sie. In ein paar Jahren werden Fritz und Hans Schlumpf die Herren des Tales.

Die Spinnerei von Malmerspach zu Anfang des Jahrhunderts.

ter Wirtschaftsweg. Durch ihn hielt im 18. Jahrhundert der Fortschritt Einzug in das Tal und brachte es unter den Einfluß von Mülhausen und Basel. Die Schweiz hat viel zum industriellen Aufstieg der ersten Unternehmen des Tales beigetragen. Fritz Schlumpf führt diese Tradition nur fort.

In den Wäldern oberhalb von Malmerspach spielen die Kinder des Dorfes. Plötzlich Motorenlärm: *«Da kommt der Schlumpf, der Schlumpf kommt»* rufen die Jungen aus, hasten den Berg hinab und sehen, vom Straßenrand aus, Fritz mit weißem Überzieher und dicker Autobrille, vorbeibrausen. Er sitzt in seinem blauen Bugatti, den er erst kürzlich gekauft hat. Autos sind in jener Zeit noch eine Seltenheit, erst recht ein solcher Sportwagen. Im ganzen Dorf gibt es nur drei Wagen: den des Ortschreibers, des Bürgermeisters und des Hoteliers. Und in der Fabrik gibt es natürlich Autos. Aber ein richtiger «Renner», das ist eine ganz große Seltenheit.

Die Schaulustigen aus dem Tale erscheinen noch viel zahlreicher, wenn der begeisterte Autosportler Fritz am Bergrennen von Goldbach teilnimmt. Er stellt dem Veranstalter den Rettungswagen des Werkes zur Verfügung sowie dessen Mechaniker.

Solche Veranstaltungen bieten übrigens den Leuten eine seltene Gelegenheit den Chef der Spinnerei einmal zu Gesicht zu bekommen. Fritz hält nämlich sehr auf Abstand und lebt unzugänglich in der großen, grauen Fabrikvilla mit seiner Mutter und seinem Bruder Hans, den er bald zur Leitung der Werks an seine Seite gerufen hat.

Obwohl sie drei Viertel der aktiven Bevölkerung von Malmerspach und jedem zweiten von Moosch Arbeit geben, haben die Schlumpfs nicht das alleinige Beschäftigungsmonopol. Das ganze Tal lebt von der Textilindustrie. Aber die Leiter der anderen Betriebe pflegen nicht den Schlumpfschen Stil. Die anderen sind nur Bevollmächtigte größerer Konzerne. Die Schlumpfs in Malmerspach aber sind zugleich Eigentümer und Leiter ihrer Spinnerei.

Das weiß man genau in der Bevölkerung. In deren Augen sind sie gleichzeitig die Wohltäter und die Herren der Gemeinde; so etwa wie die Herrschaften von Anno dazumal. Mit der Spinnerei haben sie auch die Traditionen eines festverwurzelten Paternalismus übernommen. Die Arbeiterschaft ist mit «ihrer» Fabrik eng verbunden. Auch sonst wissen die Schlumpfs aus dem Erbe ihrer Vorgänger Vorteile zu ziehen.

Am Eingang des Dorfes Malmerspach liegt die Arbeitersiedlung Hartmann – so hieß einer der Gründer der Spinnerei. Doppelhaus-Zeilen, alle in Gelb, alle gleich: Sie bilden den Hauptbestand der 150 Betriebswohnungen. Trotz ihres geringen Komforts sind sie sauber und die lächerlich niedrigen Mieten sind Jungverheirateten hoch willkommen.

Schmale Gärtchen erlauben es, Hühner, Kaninchen, und sogar Schweine aufzuziehen. Denn hier ist jeder Arbeiter nebenbei auch Landwirt und bewirtschaftet einen Garten oder sogar Felder.

Von oben nach unten: Kinder von Malmerspach am 14. Juli 1915 (französischer Nationalfeiertag); das Gasthaus «Zur Brücke» in Malmerspach; das Spital von Moosch.

968. - Haute-Alsace. - MALMERSPACH. - Les Cités Ouvrières

Gelb gestrichen die Fabrikmauern, gelb auch die Häuser der Siedlung: Schlumpfgelb, sozusagen.

Die Siedlung reicht praktisch bis zur Fabrikpforte. Das Gelb der Häuser findet man in der gelben Farbe der Fabrikmauern wieder, gewissermassen von Schlumpf zu Schlumpf...

In jedem Haushalt gibt es einen «Schlumpf». manchmal zwei und sogar mehr, wenn die Kinder mit 14 Jahren Lehrling werden.

Man wird manchmal sehr jung «Schlumpf» in Malmerspach. Schon von vier Jahren an! Denn auch der Kindergarten wurde von den Vorgängern der Gebrüder Schlumpf gebaut und wurde von ihnen unterhalten. Nach dem Kriege statten sie ihn mit modernen Toiletten aus, Duschen, einer Milchküche und einer Wohnung für die Lehrerin. Das Kraftwerk des Betriebes versorgt die Schule sogar mit Strom; wenngleich nicht gratis, so doch zu einem stark verbilligten Tarif.

Auch als Kranker bleibt man ein «Schlumpf» und erst recht, wenn man alt wird. Das Spital von Malmerspach, das später in ein Altersheim umgewandelt wird, gehört nämlich auch der Spinnerei. Die zwei Brüder lassen ebenfalls Arbeiten im Spital von Moosch ausführen, wo Betten ständig für ihre Arbeiter zur Verfügung stehen.

Zum Königreich Schlumpf gehören zudem Wald- und Bodenflächen, die billig an jeden Arbeiter parzellenweise verpachtet werden. Auch dies ist ein alter Brauch im Tale, den die Schlumpfs weiter pflegen. Das Werk stellt auch ein Pferd, manchmal sogar den Pflug und notfalls gar den Fuhrmann zur Verfügung. Eine Quelle befindet sich ebenfalls auf dem Grund der Spinnerei, deren Wasser die Gemeinde kostenlos nutzen darf.

Während des Krieges wird die Milch der betriebseigenen Kühe an die Bevölkerung verteilt. Nach dem Krieg, als noch viele Produkte rationiert sind, treten die Schlumpfs Wolle zu stark verbilligtem Preis ans Personal ab, damit die Arbeiter sie gegen Mehl eintauschen können.

Manchmal fährt Hans die werdenden Mütter in einem seiner schönen Autos zur Entbindung in das Thanner Spital. Fritz hingegen hält auf Distanz.

Den Ordensschwestern, die ins Tal kommen, schenken sie große Kartons mit Wolle; Geschenke auch für die Bürgermeister und Pfarrer. Am Nikolaustag besuchen sie das Altersheim und verteilen Kakao sowie *Mannele,* Gebäckfiguren, die im Elsaß zu diesem Fest an die Kinder erinnern, die der große Heilige aus dem Salzfaß rettete. In den kinderreichen Familien stehen sie Pate vom fünften oder sechsten Kind an.

Man kann den Lorbeerkranz noch weiter winden: Gleichzeitig mit der Modernisierung des Betriebes führen sie soziale Neuerungen ein. Omnibusse werden angeschafft, braun und gelb gestrichen, mit einem Spindelbild an der Seite und der Inschrift *«Filature de laine peignée de Malmerspach».* Jeden Tag holen sie die Arbeiter selbst aus den entlegensten Winkeln des Tales ab. Und am Samstag stehen sie der Belegschaft für Ausflüge zur Verfügung.

Von 1946 an gibt es für die Belegschaft eine Kantine, die achthundert Essen austeilen kann. Bäder und Duschen werden im Betrieb neu eingerichtet, je sieben Badewannen und zwölf Duschen für Männer und Frauen. Jeden Freitag abend und am folgenden Samstag können sich hier die Einwohner für den Sonntag schön machen.

1200 Stühle stehen im Festsaal, wo sich *die große Wollfamilie von Malmerspach,* wie Fritz zu sagen pflegt, an Weihnachten und zur Verleihung der Arbeitsmedaillen versammelt. Da geht es recht feierlich zu. Die zivilen und religiösen Amtsträger sind stets eingeladen, stehen ganz demokratisch inmitten des Personals und der Familien. Sie nehmen anschliessend am Festschmaus teil. Manchmal dient der Saal auch für eine Kinovorführung; es werden nur Filme «mit erzieherischem Wert» gezeigt. Hin und wieder findet ein Ball statt. Da dröhnt dann die Blechmusik der Dorfvereine, denen die Schlumpfs den Saal für ihre Feste am Jahresende zur Verfügung stellen.

Außerdem versprechen die Schlumpfs noch wunderbare Dinge: Es soll einmal ein beheiztes Schwimmbecken geben, ein Sportstadion, eine Seilbahn, die Malmerspach mit dem Großen Belchen, dem höchsten Vogesengipfel, der gerade über diesem Tal liegt, verbinden würde.

All diese Projekte kommen jedoch nicht zu Stande. Das ist auch nicht so wichtig! Hauptsache ist, man träumt davon. Man – das heißt die Leute. Und wohl auch die Schlumpfs selbst.

Alles arbeitet für sie, alle setzen auf ihren Erfolg: Die Bürgermeister, der Klerus, die Honorationen. Das ganze Tal baut auf die Schlumpfs, sogar die Gewerkschaftler.

Die Küchen, das Betriebsrestaurant, Bäder und Duschen der Spinnerei.

Die Scheine des Juni 1940

Im Kriegsmonat Juni 1940 werden die Geldscheine der *Banque de France* knapp. Im Elsaß fällt die Versorgung sogar ganz aus. Viele Betriebe sind nicht mehr in der Lage, ihren Arbeitern die Löhne auszuzahlen. In Malmerspach weiß man Abhilfe zu schaffen: Es wird eben wie schon 1870 und 1914/18 im Elsaß, wo man so oft vom Krieg heimgesucht wurde, Notgeld ausgegeben werden. Fritz Schlumpf läßt diese Scheine drucken. Sie werden vorläufig die offiziellen Banknoten ersetzen.

Am 18. Juni als General de Gaulle im Londoner Exil von der Weiterführung des Krieges spricht und deutsche Soldaten in das Elsaß einrücken, verteilt die Malmerspacher Spinnerei mehrere tausend Notscheine im Wert von 10, 50 und 100 Franc, die Hans Schlumpf unterzeichnet. Diese Scheine sind in den Geschäften des Tales gültig und sollen ersetzt werden, sobald es wieder eine normale Währung gibt. Das Werk verpflichtet sich, die Scheine dann einzuziehen und zu verbrennen. Einige davon wurden jedoch als Andenken an jene schlimmen Tage erhalten und haben nun Seltenheitswert.

Betriebsjubilare
bei ihrer Auszeichnung

Festessen, Medaillen, hohe Gäste: Die «Wollfamilie von Malmerspach» weiß ihre alten Arbeiter zu ehren.

Dieses Prestige geniessen sie uneingeschränkt bis in die sechziger Jahre hinein. Dann kommt plötzlich alles ins Wanken. Was ist geschehen? Die Schlumpfs werden es weder begreifen noch je akzeptieren.

Doch wer sind diese beiden Brüder eigentlich, diese Könige des stillen Tals?

Hans und Fritz

2 Hans und Fritz

Hans und Fritz Schlumpf mit der Werkfeuerwehr (vorhergehende Seiten).

Seltsames Paar: Von den beiden Brüdern Schlumpf ist Fritz, der Jüngere, unbestritten der führende Kopf. Hans ist der Mann der kleineren Aufgaben, ein Gefolgsmann, aber gleichzeitig auch das Bindeglied zwischen seinem Bruder und den anderen Menschen.

Fritz, Denker aus unstillbarem Ehrgeiz; Hans, ausführendes Organ. Fritz, Herr und Gebieter, stets auf Distanz, das Kommando führend. Hans, der «brave Mann», gesellig und freundlich, spricht gern mit den Arbeitern, verspricht aber ohne eigentliche Macht oder besondere Ambition. Die Geschichte der Brüder Schlumpf wurde von Fritz geschrieben. Hans hat ihm sein Erstgeborenenrecht abgetreten.

Jeden Abend gehen die beiden Brüder von der Firma zu ihrem Haus und passieren dabei das Gitter, das den Garten der Villa vom Fabrikgelände trennt. Zwei steinerne Sphynxe hüten den Eingang. Frauenfiguren von barocker Nacktheit stehen auf den Rasenflächen. Alles in Stein gehauen. Steinern auch der Gesichtsausdruck von Fritz: gleichgültig, über alles erhaben. Groß und schlank, ein schöner Mann, der schöne Frauen liebt.

Aber nur am Wochenende: An den Werktagen wird gearbeitet. Fritz führt ein strenges, nur dem Beruf gewidmetes Leben. *«Mit den Hühnern schlafen gehen, mit den Raben aufstehen, so bleibt man vom Grabe fern»* lautet sein Leitsatz. Er hält sich genau daran.

Sein arrogantes Wesen verbirgt aber auch die Angst vor dem Tode oder der Krankheit. Er achtet viel auf seine Gesundheit: Diätkost und Gymnastik gehören zu seinen täglichen Gewohnheiten.

Das Leben im Malmerspacher Hause ist freudlos. Alles ist altertümlich, vollgestopft mit Möbeln und Kunstgegenständen aller Art. Manchmal sind sie von großem Wert, aber alles ist bunt zusammen gewürfelt: Zinn, Kupferpfannen, alte, gußeiserne Bügeleisen.

Im Laufe der Jahre trägt Fritz allerhand zusammen: reichverzierte Reitsättel, eine Sänfte, alte La-

Die Geschichte der Schlumpfs wurde von Fritz geschrieben.

Hans Schlumpf

Fritz Schlumpf

ternen und andere Antiquitäten, lauter Fundsachen auf der Suche nach alten Autos.

Keine Frau darf im weiten Hause wohnen. Keine, außer der *«lieben Mutter»* Jeanne Schlumpf, die Hans und mehr noch Fritz hoch in Ehren halten.

«Ich habe noch nie einen Mann so weinen sehen wie Fritz», erinnert sich eine Krankenschwester, die dabei war, als die alte Dame 1957 verstarb.

Diese Liebe zur Mutter bestimmt seinen Charakter. Zum großen Erstaunen eines Mitarbeiters bricht er in Tränen aus, als ihm dieser den Tod seiner eigenen Mutter mitteilt und dabei selbst um Haltung bemüht ist.

Jeanne Schlumpf kümmert sich um den Haushalt ihrer Söhne. Umgeben von Möbeln, Nippes, Kissen, strickt sie für die Armen.

Seit dem Scheitern von Fritz'Ehe, ist Jeanne Schlumpf unumschränkte Gebieterin im Haushalt ihrer Söhne. Sie hat in dieser Beziehung keine Rivalin. Groß und aufrecht von Gestalt, ist sie allein die *Maîtresse de maison* und übt ihre Befehlsgewalt über das Personal so aus, wie es Fritz drüben im Werk zu tun pflegt.

In ihren Räumen voller Kissen und Handarbeiten strickt Jeanne Schlumpf ohne Unterlaß für die Armen. Seit sie auf der Treppe gestürzt ist und einen Oberschenkelbruch erlitten hat, braucht sie Krücken und Rollstuhl. Sie widmet sich mehr denn je wohltätigen Werken. Jeden Freitag bringt sie der Chauffeur in die Stadt. In Mülhausen macht sie Einkäufe und besucht dann einen Verein der sich um bedürftige Schweizer kümmert. Sie bringt Strickwaren, Selbstgestricktes und Gemüse aus dem eigenen Garten...

Zum Wochenende entzieht sich Fritz der eintönigen Stimmung des Hauses und fährt nach Gérardmer auf der Westseite der Vogesen. Dort besitzt er Landhaus und Boot. Er liebt es, am Seeufer zu picknicken. Bestimmte Tage bleiben den Bergrennen vorbehalten. Oft fährt er selbst mit, zum großen Entsetzen seiner Mutter. Doch bei Fritz ist manchmal die Liebe zum Autosport stärker als die Liebe zur Mutter.

Fast jeden Tag holt er seinen Sportwagen aus der Garage und flitzt über die Thanner Straße. Bei der Rückfahrt hupt er, sobald die letzten Häuser von Moosch hinter ihm liegen. Der Pförtner der Fabrik stürzt aus seinem Häuschen und öffnet das Tor. Fritz rast herein und hält mit kreischenden Bremsen erst im Ehrenhof der Spinnerei. Kies spritzt hoch, Staub wirbelt auf, der Motor läuft leise aus: Auch das gehört zum Spaß des Fritz Schlumpf.

Der Wintergarten der Villa.

Der Tod von Jeanne

«Es gab soviel Blumen, daß man meinen könnte, sie sei eine Königin gewesen...».

So eine Dorffrau nach dem Kondolenzbesuch. An jenem 20. März 1957 wurde die sterbliche Hülle der «lieben Mama» von Hans und Fritz Schlumpf im Salon der Villa aufgebahrt. Sie verschwand schier hinter Blumengebinden, Kränzen, Pflanzengrün.

Leitende Angestellte der Spinnerei, Freunde und Bekannte der Familie ziehen an der Bahre vorbei und besprengen sie mit Weihwasser. *«Meine arme Mama»* schluchzt Fritz. Der Pfarrer von Sankt Amarin ist da. Fünfzig Kränze liegen sorgfältig auf dem Rasen vor der Villa ausgebreitet, damit sie, wie es Brauch ist, auch jeder sehen kann. Vom Tor der Spinnerei bis zur Kirche von Moosch, wo die Trauerfeier stattfinden soll, ist der Verkehr unterbrochen. Hinter dem Sarg schreiten Hans und Fritz Schlumpf daher. *«Der Leichenzug»,* konnte man in der Lokal-Zeitung lesen, *«war so lang, daß das Ende davon sich noch auf dem Fabrikgelände befand, als die Spitze bereits an den ersten Häusern von Moosch eingetroffen war».*

Viele hohe Gäste: Der schweizer Konsul, der Generalrat des Kantons, die Bürgermeister der Talgemeinden, Industrielle und Bankiers sowie das gesamte Personal. Aber nicht alle Arbeiter sind da, um Jeanne Schlumpf die letzte Ehre zu erweisen: Am selben Tage findet ein anderes Begräbnis statt. Ein Arbeiter hatte Selbstmord begangen, weil er in der Spinnerei herabgestuft worden war. Der schwermütige Mann konnte es nicht ertragen.

In der Kirche ergreift vor dem Seelenamt der erste Meister der Spinnerei das Wort und spricht von dieser *«heiß geliebten Mutter, die uns nun verlassen hat, die liebe Mutter unserer Direktoren».* An diese gewandt, fügt er hinzu: *«Wir trauern mit ihnen und bedauern den immensen und grausamen Verlust, den sie mit dem Ableben dieser mustergültigen Mutter verspüren».*

Der Schweizer Konsul lobt ebenfalls das mutige Leben der Verstorbenen und erinnert daran, daß sie Schweizerin geworden war: *«Nicht nur auf dem Papier, sondern auch in ihrem Verhalten und in ihren Gefühlen zeigte sie sich als echte Schweizerin. Aus den Söhnen ließ sie ebenfalls Schweizer werden, auf die ihr Vater, den sie nun wieder aufgesucht hat, stolz sein kann».*

Nach Abschluss der Zeremonie geht es in Richtung Mülhausen, wo die Bestattung in der Familiengruft stattfinden soll. Sieben Fahrzeuge werden allein für den Transport der Blumen benötigt. Voraus fahren die Motorradfahrer der Gendarmerie. In Erinnerung an ihre Mutter haben Hans und Fritz in fünfzig Exemplaren eine Denkschrift drucken lassen. Schwarzes Band verbindet die Seiten. Ganzseitig das Bild von Jeanne beim Stricken und der Text aller Reden, die in Moosch gehalten worden sind.

Rede von
ARMAND WOHLGROTH
ERSTER MEISTER DER SPINNEREI «LAINE PEIGNEE DE MALMERSPACH»

Meine lieben Direktoren, liebe Trauerfamilie, meine Damen und Herren,

Obwohl wir uns in der Kirche befinden, diesem geheiligten Ort, erlaube ich mir mit der Zustimmung des Herrn Pfarrers, in meinem eigenen Namen und im Namen des Personals der Kammwollspinnerei von Malmerspach die letzte und höchste Ehre der so geliebten Mutter zu erweisen, die uns verlassen hat, der lieben Mutter unserer Herren Fritz und Hans Schlumpf.

Viel zu plötzlich, und so unerwartet, wurde sie der Zuneigung der Familie entrissen, und wir beklagen den immensen und grausamen Verlust, den wir beim Ableben dieser mustergültigen Mama verspüren.

Das Schicksal verschonte sie nicht. Da sie ihren Gatten viel zu früh verloren hatte, den Vater ihrer Kinder, stand sie vor der großen Aufgabe, diese Kinder allein aufzuziehen. Mit starkem Willen und Klarsicht verstand sie es, ihren Vorsatz auszuführen und ihren Söhnen eine Erziehung und Ausbildung zu geben. Dies alles ist ihr voll gelungen.

Wenn heute die Herren Fritz und Hans Schlumpf an der Spitze unserer Fabrik stehen, einer Firma, die sie seit Jahren bewundernswert leiten, eines Hauses, das heute in bestem Ruf und Wohlstand steht, so ist es in erster Linie dieser Mutter, die sie groß gezogen hat, zu verdanken.

Madame Schlumpf, im Namen des Personals und im Namen der Spinnerei, spreche ich Ihnen unseren höchsten Dank aus. Wir alle, die sie gekannt haben, wir haben sie geehrt, wir haben sie bewundert. Sie war in dieser großen Familie das Bindeglied zwischen uns allen, sie war eine Mutter für uns alle.

Mit uns hat sie die Weihnachtsfreuden unserer Feste geteilt, mit uns die Freuden unserer Betriebsausflüge. Nie hat sie gefehlt, immer war sie dabei. Auch nach ihrem Unfall, als sie behindert war, hatte sie noch den Mut, an all unseren Festen teilzunehmen. Auch dafür, sind wir Ihnen heute dankbar, Madame Schlumpf. Danke für alles.

So wie sie gelebt hatte, hatte sie sich auch für die letzte große Reise vorbereitet. Sie hatte die letzte Ölung empfangen, sie war bereit zu sterben und ich glaube, daß Gott ihr danken und den Lohn geben wird, den sie so sehr verdient hat.

Ihnen, meine lieben Direktoren, bekunde ich im Namen des Personals unser Beileid. Ich bin überzeugt, daß das Andenken an diese Mutter bei uns weiterleben wird, zum gemeinsamen Wohle aller.

Messieurs Schlumpf, noch einmal vielen Dank. Möge Gott Ihnen die Kraft und Gnade geben, diesen großen Schmerz zu ertragen.

Möge Madame Schlumpf in Frieden ruhen.

Auf Wiedersehen in einer besseren Welt.

Beim Türckheimer Bergrennen 1965: ein Leiter des Automobilclubs führt Fritz Schlumpf und seine Lebensgefährtin Arlette zu ihren Plätzen.

Bild rechts: Fritz Schlumpf im Gespräch mit einem Fahrer und Paul Freyss, dem Vorsitzenden des Automobilclubs Elsaß.

Eine andere Freude bereiten ihm seine Sikahirsche. Die Herde lebt in einem weiten Gehege hinter dem Park der Villa. Diese Tiere hält er 25 Jahre lang, bis zu seinem unfreiwilligen Abschied von Malmerspach. Er zeigt ihnen gegenüber eine Zuneigung, die er bei Menschen selten an den Tag legt:

«Sie sind mir treu», sagt er zu seinen Besuchern, wenn er ihnen den Tierpark zeigt: *«Das kann ich leider nicht von allen Leuten sagen...».*

Fritz scheint nicht viele Freunde zu haben. Sein trockener Ton, seine barsche Art sind mit schuld daran. *«Ich habe mein Privatleben verpatzt»*, meint er einmal zu einem Mitarbeiter. Und einem anderen vertraut er an: *«Das Leben hat mich gelehrt, daß die rechten Freunde, auf die man wirklich bauen kann, selten sind».*

Deshalb lädt er wenig Leute ein. Einige Politiker, die Unterpräfekten, die Generalräte, Geschäftsbeziehungen, der eine oder andere Autoverkäufer, den er besonders schätzt.

Solange seine Mutter noch lebt, bringt Fritz öfters unerwartet Kunden mit. Aber der Stil des Hauses ist nicht auf große Gelage, geschweige denn auf mondäne Anläße eingestellt. Der tägliche Speisezettel ist einfach. Die Inneneinrichtung beschränkt sich auf das Notwendige. Die Tapeten werden in dreißig Jahren nicht gewechselt.

Privat führt Fritz also ein einfaches Leben. Öffentlich verhält er sich aber anders. Geht er mit einem Geschäftspartner ins Restaurant, so zeigt er sich von der spendablen Seite. Nichts ist ihm zu gut für den anderen. Er selbst aber begnügt sich am liebsten mit einer Reissuppe und einem Steak mit Pommes-Frites. Doch wehe dem Wirt, der seinen hohen Anforderungen nicht gerecht wird; und weh' dem Gast, der sich gegen die Wahl wehrt, die Fritz ihm aufnötigen will!

Er ist Stammkunde der berühmten *«Auberge de l'Ill»* der Gebrüder Haeberlin in Illhaeusern bei Colmar. Dort ist er jeden Samstag abend zu Gast, immer am selben Tisch. Im Keller hat er seine eigene Kiste Champagner. Er hält dem Hause die

m.petitjean
asamco.D.C
century
2100

Hans ist Naturfreund. Er liebt Tauben. Von Zeit zu Zeit läßt er sie frei im Park herumfliegen, aber sie beschmutzen die Statuen. Das gefällt Fritz nicht und die weißen Vögel müssen verkauft werden.

Treue – bis zu jenem Tage, an dem sein Stammtisch besetzt ist. Der *Maître d'Hôtel* weigert sich, ihn räumen zu lassen. Fritz geht für immer.

«Als ich ins Elsaß kam», erzählt ein Autoverkäuder, zeigte mir Fritz Schlumpf die Fabrik. Jedesmal wenn wir an einem Lastwagen vorbeikamen, sagte er mir stolz: *«Soundsoviel Tonnen für die Schweiz, soundsoviel Tonnen für Deutschland und so weiter...»*

«Er hätte», behauptet einer seiner alten Berater, «eine Expedition zum Himalaya finanziert, wenn sie eine Schlumpffahne auf den Gipfel gesteckt hätte.»

In der Firma ist Fritz Generaldirektor. In seinem Büro – helle Wände, einfache Stilmöbel – findet sich kein einziger persönlicher Gegenstand. Außer einer kleinen Uhr, die ihm von Angestellten und Arbeitern geschenkt wurde, als er sein 25 jähriges Betriebsjubiläum feierte. Hier trifft er die wichtigsten Entscheidungen. Alles, was mit dem Wollhandel zusammenhängt, gehört zu seinem persönlichen Entscheidungsbereich, ob es sich nun um den Ankauf von Rohmaterial oder den Vertrieb von Spinnwaren handelt. Er ist unermüdlich bei der Arbeit, besitzt ein staunenswertes Zahlengedächtnis und ist ebenso ein hervorragender Unternehmer wie ein geborener Spekulant. Die meisten seiner leitenden Angestellten werden das nach seinem Weggang anerkennen.

Der Generaldirektor hat aber seine kleinen Eigenheiten. Um zu ihm zu gelangen, müssen die Besucher zuerst durch den Pförtner angemeldet werden. Der begleitet sie dann bis zum Verwaltungsgebäude. Eine Treppe führt hinauf zum Büro. Über der Bürotür eine Ampel: Ist das Licht rot,

Die Sikahirsche.

so muß der Besucher warten, erst bei Grün darf er eintreten!

Immer tadellos gekleidet, in hellem Kostüm mit gemusterter Krawatte, ist Fritz Schlumpf ein strenger Herr, der sehr auf das Äußere seiner Angestellten achtet. Sie dürfen keinen Bart tragen und sollen stets mit Jackett oder im weißen Overall erscheinen. Als er die Spinnerei Glück in Mülhausen erwirbt, wird der Direktor entlassen. Als ein Entlassungsgrund wird erwähnt, daß er ein Trikot statt Hemd und Krawatte unter dem Rock trug. 1977 kommt ein Journalist der offensichtlich von solcher Kleiderordnung nichts hält, erst gar nicht zu Wort und wird kurzerhand weggeschickt: *«Ohne Krawatte kommt hier niemand rein!»*

Auch Rauchen ist untersagt: Eines Tages erhält einer seiner Betriebsleiter einen Brief an Fritz Schlumpf unbeantwortet zurück. Grund: Der Umschlag roch nach Tabak...

In seiner Arbeit läßt sich Fritz Schlumpf durch ein fast krankhaftes Mißtrauen leiten. Er will über alles im Betrieb Bescheid wissen. Niemand, außer Hans, hat Unterschriftsrecht. Die ganze Post, vom nebensächlichsten Brief bis zum wichtigsten Bescheid, sieht er selbst durch. Als Jeanne Schlumpf stirbt, bleiben alle Briefe drei Tage lang ungeöffnet.

Fritz prüft alle Auskünfte seiner Mitarbeiter nach. Er hat mehrere Berater, die einen in Mülhausen, die anderen in Basel und Paris. Sie kennen sich untereinander nicht. Fritz will ganz sicher gehen. Mit seinen Rechtsanwälten treibt er dieselbe Geheimnistuerei. Äußerste Vorsicht in allem: So steigt er nie mit seinem Bruder in den selben Wagen, damit mindestens einer im schlimmsten Falle dem Betrieb erhalten bleibt.

Wiederspruch macht ihn rasend. Wenn Verkäufer sich weigern, Rabatt zu gewähren, oder wenn Angestellte mehr Lohn verlangen, bricht er in hellen Zorn aus. Manchmal allerdings tut er nur so. Er versteht es, Theater zu spielen. Aber oft bedarf es dessen nicht.

Wehe dem, der ihm nicht gehorcht: Fritz verzeiht das nie. Der Bürgermeister von Moosch, der Nachbargemeinde von Malmerspach, erfuhr das am eigenen Leib. Er war einer der wenigen Politiker, die sich gegen Fritz Schlumpf stellten. Er war in dessen Betrieb angestellt und wurde mit anderen 1940 entlassen. Fritz' Rache macht dabei nicht halt. Als es zu Neuwahlen kam, arrangiert er es, daß eine Gegenliste aufgestellt wurde. Sie wurde von «treuen» Vorarbeitern und Angestellten geführt. Die Aktion scheitert. Derlei kam selten vor, denn Fritz weiß mit Menschen genauso gut umzugehen wie mit Geschäften.

Das Büro in der Villa Schlumpf.

Die meisten Bürgermeister des Tales arbeiten bei ihm und bekunden Ergebenheit selbst außerhalb der Fabrikmauern. Einige fragen ihn sogar um Rat, bevor sie den Posten überhaupt annehmen.

Trotz seine seltsamen Charakters, hat Fritz auch seine Verteidiger. «Er zeigt sich launisch, manchmal grüßt er niemanden», erzählt einer seiner Direktoren.

Aber er kann auch charmant sein. Läßt er einen etwa nicht rufen, als Fangio im Hause ist? Und bittet gar den berühmten Rennfahrer um ein Autogramm für den Sohn des Chefs der Handelsabteilung?

Einem Mitarbeiter, der zaghaft anmerkt, daß er den Leuten gegenüber zu fremd und fern bleibe, antwortet Fritz: *«Ich weiß, ich habe aber so wenig Zeit».*

Keine Zeit? Müssen darum die Weihnachtsfeiern und Verleihungen von Arbeitsmedaillen auf die Minute genau geplant werden? Bis 1962 werden solche Anlässe im großen Festsaal des Betriebes gefeiert.

«Ich sollte dreißig Seiten auswendig lernen», kommentiert der Verantwortliche für diese Feiern die dafür ersonnenen Vorschriften Schlumpfs.

Keine Rede davon, daß es bei solchen Festen etwa bunt und lustig zugehe. Hier wird nach genauen Drehbüchern gehandelt. Im Mittelpunkt stehen die Schlumpfs neben ihrer *«lieben Mama».* Sie inszenieren das Ganze und kommen dabei selbst nicht zu kurz. Beim Kinderfest geht der Angestellte, der mit einem dichten Bart Sankt Nikolaus spielt, auf Fritz zu und fragt:

«Waren Sie aber auch hübsch brav dieses Jahr, Monsieur Fritz?»

«Jawohl, Sankt Nikolaus», antwortet Fritz mit strahlender Miene, froh, daß er nicht abseits stehen muß beim Spiel.

Hans und er thronen hinter einem grossen Tisch, auf dem die Geschenke sortiert sind. Ein Paket nach dem anderen geben sie den Buben und Mädchen, die an ihnen vorbeiziehen.

So sehr auf Abstand bedacht sich Fritz zeigt, so leutselig ist Hans. Kleiner und korpulenter als sein Bruder, hat er ein freundliches Gesicht und zeigt sich gesprächig. Er ist ein eingefleischter Junggeselle und ebenfalls dem schönen Geschlecht keineswegs abhold. *«Alte Weine und junge Frauen sind die besten Freuden des Lebens»* pflegt er zu scherzen.

An ihn wenden sich die Talbewohner, wenn sie

Hans und Fritz mit dem Bürgermeister von Malmerspach (Bild oben).

Das Orchester der Spinnerei wurde manchmal zum «Ehrenwein» der Gemeinden eingeladen.

«Nun, Monsieur Fritz, waren Sie dieses Jahr auch schön brav?» «Jawohl, Sankt Nikolaus!», antwortet er strahlend.

Einige Musikanten der Spinnerei, darunter die zukünftigen Bürgermeister von Malmerspach und Sankt Amarin. Hinter ihnen, schmunzelnd, Fritz Schlumpf.

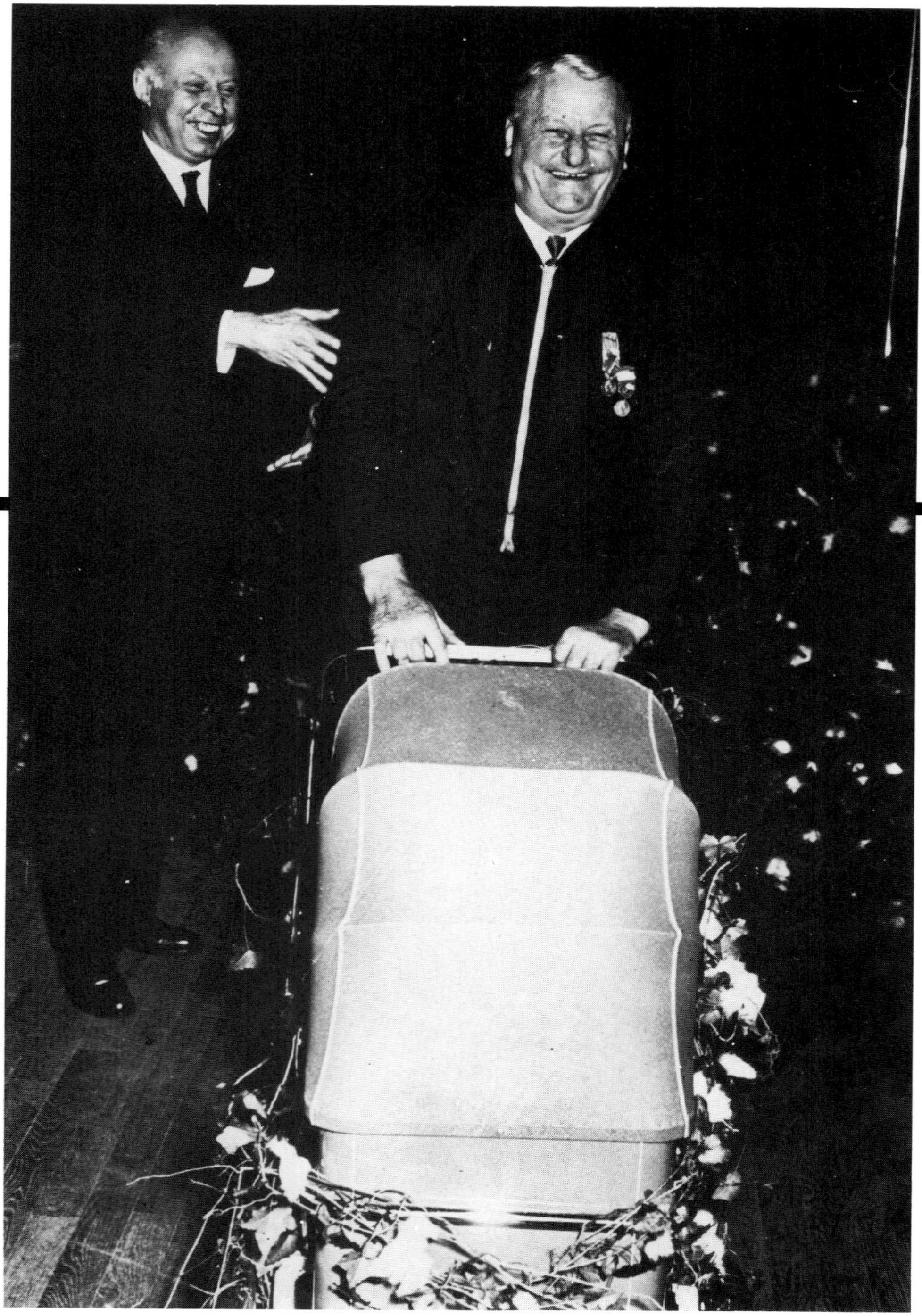

Ein minuziös geplantes Weihnachtsfest

Fritz liebt Ordnung sehr und so gibt er sich alle erdenkliche Mühe, die Betriebsfeiern bis ins kleinste Detail vorzuplanen. Beispiel: Die Anleitungen, die er Weihnachten 1957 der Belegschaft gibt. Davon hier nur einige Auszüge:

«Die Spinnerei lädt alle neuen Betriebsjubilare sowie die Pensionierten des Betriebes am 22. Dezember zu einem Festessen ein.

Jeder, der eine oder mehrere Arbeitsmedaillen besitzt, wird dieselben zu diesem Anlaß tragen.

Das Essen beginnt pünktlich um zwölf.

Ist ein Empfänger der Arbeitsmedaille krank, so soll er sich durch ein Familienmitglied vertreten lassen. Diese Person wird an seiner Stelle die Ehrenmedaille der Arbeit erhalten.

Rauchen ist während des Essens nicht gestattet und erst am Ende des Essens erlaubt.

Wenn die Herren Schlumpf den Saal mit ihren Gästen betreten, sollen alle Anwesenden aufstehen, um sie zu begrüßen.

Um 14 Uhr 10 werden alle Anwesenden den Eßsaal verlassen, um sich in den Festsaal zu begeben. Dort werden die Türen um 14 Uhr 20 geschlossen.

GROßES WEIHNACHTSFEST

Dieses Fest beginnt um 14 Uhr 30.

Die 192 neuen Arbeitsjubilare werden auf der rechten Seite des Festsaales Platz nehmen und zwar seitens des Fabrikkanals, angefangen von der 7. Reihe und gemäß ihrem Alter jeweils alphabetisch geordnet, für 55, 45, 35 und 25 Dienstjahre.

Jeder wird einen kleinen Tannenzweig an seinem Rock- oder Mantelkragen befestigen.

Wenn die Herren Schlumpf den Saal mit ihren Gästen betreten, werden alle Anwesenden aufstehen, um sie zu begrüßen.

Das Publikum wird gebeten, während der Feier nicht zu rauchen.

Die Musik wird durch die Betriebskapelle unter Leitung von Arthur Nußbaum ausgeführt.

Weihnachtsglocken.

Weihnachtslieder:
Stille Nacht, heilige Nacht (eine Strophe)
O Tannenbaum (eine Strophe)

Alle Anwesenden werden singen.

Gedenken der Toten.

Ansprache von Herrn Fritz Schlumpf.

Übergabe der Arbeitsmedaillen durch den Unterpräfekten von Thann, Herrn Dortel.

Schweizer Nationalhymne.

Tombola mit einem einzigen Preis: Ein Kinderwagen.

Angehörige des Betriebes, die nicht anwesend sind, können an der Ziehung der Tombola nicht teilnehmen, es sei denn, sie wären aus Dienstgründen verhindert.

Wird des Kinderwagen nicht zwei Minuten nach der Ziehung abgeholt, so wird er erneut verlost.

Der Gewinner der Kinderwagens verpflichtet sich, ihn für seine eigene Familie zu verwenden. Falls er ihn verkaufen will, so darf der Verkauf nur an einen anderen Angehörigen unserer Betriebes erfolgen».

Paula Schlumpf tötet ihren Geliebten

Paula Schlumpf vor dem Schwurgericht mit ihrem Verteidiger, René Floriot, damals einer der größten französischen Rechtsanwälte.

Paris, November 1948: Vor dem Schwurgericht findet der Prozess von Paula Schlumpf statt. Es wird ihr vorgeworfen, ihren Geliebten getötet zu haben. Der Saal ist voller Menschen.

Ein Zeuge steht im Mittelpunkt der Neugierde all derer, die Liebesdramen schätzen: Fritz Schlumpf, Fabrikbesitzer, ein reicher Mann, ein edler Gatte, der gekommen ist, seine leichtsinnige Frau zu verteidigen.

Kurzes Eheleben eines Paares, das schnell auseinanderging. Paula, die Fritz 1933 in Berlin, wo sie sich im Auftrage eines Hauses für Textilmuster aufhielt, kennengelernt hatte, verließ Mülhausen 1939, ein Jahr nach der Hochzeit und kurze Zeit nach der Geburt von Marielle, der geistesschwachen Tochter. Fritz hatte Frau und Kind in einer Villa in Pyla südlich von Bordeaux untergebracht.

Während des Krieges besucht er sie am Wochenende. Paula verbringt die übrige Zeit am Strand oder in Paris, wo sie Raoul Simha trifft.

Am 8. August 1946, nach sechs Jahren unruhiger Liebschaft, erschießt sie ihren Liebhaber in seinem Bett. Angst vor der Reaktion eines Mannes, von dem sie sagt, er habe sie allein gelassen? Oder Eifersucht? Man wird es niemals erfahren.

Fritz sagt zu Gunsten der Mörderin aus. Raoul Simha hatte bei ihm um die Hand von Paula angehalten. Er wußte, wie es um das Paar stand.

«Aber», erklärt er Richtern und Geschworenen, *«ich wollte unserem Kind die Mutter erhalten».* Und: *«Man kann eine Pariserin nicht einsperren, sei es auch in einem goldenen Käfig».* Auf eine Frage des Anklägers antwortet er: *«Es handelt sich nicht darum, zu vergeben oder nicht zu vergeben. Ich stehe auf der Seite meiner Frau, der Mutter meines Kindes».*

Während des Krieges, erfährt man weiter, hatte er sich sogar für die Befreiung seines Rivalen eingesetzt, denn Raoul Simha war als Jude eingesperrt worden.

Die Gatten hatten beschlossen, sich wieder zu versöhnen, als sich das Drama ereignete. *«Für mich»,* sagte Fritz aus, *«war es wie ein Faustschlag ins Gesicht. Ich konnte es nicht fassen, da wir doch unser Heim wieder aufbauen wollten».*

Paula wurde zu acht Jahren Zuchthaus verurteilt. Sie wurde in das Frauengefängnis von Haguenau im Unterelsaß gebracht. Fritz ließ sich scheiden.

etwas von den Schlumpfs wollen. Ihn kann man um Rat und Hilfe fragen. Er zeigt sich auf dem Markt, wo er wie jeder andere Gemüse kauft und feilscht, bis ihm der Händler Sellerie ein paar Centimes billiger verkauft. Man sieht ihn in der Kirche. Er bleibt ein einfacher Mann, auch in der Wahl seiner Vergnügungen, liebt Catch-Kämpfe und freut sich auf die Fahrten ins Blaue, von denen man im Voraus nur weiß, daß sie in die Schweiz führen. Gartenarbeit liegt ihm und er versorgt so die Hausküche mit frischem Gemüse.

In der Spinnerei ist er Personalchef. Jeden Tag fährt er auf einem bequemen Damenrad von Werkstatt zu Werkstatt und hält an, wenn ein Arbeiter ihn auf Wohnungs- oder andere Nöte hin anspricht. Hans hört gerne zu. Etwas Tratsch ist ihm nicht unlieb. So erfährt man, denkt er, die Stimmung im Werk.

«Hans hat es nicht so hoch im Kopf wie Fritz», sagen die Leute. Anscheinend ist er nicht so leicht für den Kauf alter Autos zu begeistern. Auch teilt er die Vorliebe von Fritz für den Erwerb immer neuer Fabriken nicht. Aber wenn es dann soweit ist, zeigt er sich zufrieden. Bei allen Verhandlungen nickt er, ohne ein Wort zu sagen: So wie Fritz es macht, ist es gut. Und Fritz sagt seinem Gesprächspartner höflichkeitshalber:

«Wenn ich *«Ich»* sage, sind selbstverständlich wir beide gemeint».

«Der jüngere Bruder allein», schreibt 1946 ein Mülhauser Industrieller, *«ist die treibende Kraft. Der ältere ist nur passiver Mitarbeiter».*

Fritz, Fritz allein, führt das Ruder. Die Brüder Schlumpf sind eigentlich nur eine Person.

S B B

Der Entgleisung entgegen

3 Der Entgleisung entgegen

«Wir behaupten, daß wir niemals so gütige, so verständige, so sozial gesinnte Herren gehabt haben... und sprechen ihnen unser völliges Vertrauen und unsere stete Treue aus...»

In diesem Ton befürworten 1946 sechs Vertreter der Gewerkschaft CGT, die der kommunistischen Partei nahesteht, und zwei der christlichen Gewerkschaft CFTC einen Aufruf zugunsten ihrer Arbeitgeber, die unter dem Verdacht stehen, während des Krieges mit den Deutschen kollaboriert zu haben. Das gesamte Personal soll für seine Direktoren einstehen. Einige Tage später wird der Festsaal in ein Wahllokal umgewandelt: Angestellte und Arbeiter werden dazu aufgefordert, «nach bestem Wissen und Gewissen» darüber zu bestimmen, ob die Brüder Schlumpf ausgewiesen werden sollen. Jedem werden zwei Stimmzettel ausgehändigt: Er soll entweder mit «Ja» oder mit «Nein» antworten. Fritz und Hans warten auf den Beschluß. Ihre Koffer seien gepackt, sagen sie. Ihr Schicksal liege nun in den Händen der Belegschaft. Lautet die Antwort «Ja», so werden sie das Tal verlassen.

620 Stimmen von 639 antworten «Nein». Die Schlumpfs haben gewonnen.

Fünfzehn Punkte werden in der Verteidigungsschrift angeführt und weisen alle Vorwürfe gegen die Schlumpfs zurück: Daß sie Propaganda gegen Frankreich betrieben, mit den Deutschen kollaboriert, den Hiltlergruß zur Pflicht gemacht oder große prodeutsche Feiern veranstaltet hätten.

«Wir stellen fest, daß wir nie so arbeitsame Betriebsherren hatten. Dank ihrer wurde unsere Fabrik vollständig modernisiert. Wir sprechen den Herren Hans und Fritz Schlumpf unseren Dank aus für die Art und Weise, wie sie in ihrer siebenjährigen Wirkungszeit den Betrieb wieder aufgerichtet haben. Im Namen unserer Arbeitsfamilie der Kammwollspinnerei mit ihren 300 Pensionierten, mit uns und unseren Familien, alles zusammen über 5 000 Personen, drücken wir hiermit den Wunsch aus, daß den Schwierigkeiten, die seit 17 Monaten unseren Direktoren, den Herren Hans und Fritz Schlumpf gemacht werden, endlich ein Ende gesetzt wird», schreiben die Mitglie-

Auf der Zahnradbahn nach Grindelwald. Im Vordergrund Fritz Schlumpf am Fenster seines Abteils (vorhergehende Seiten).

In geheimer Wahl stimmen die Spinnereiarbeiter 1946 ab: «Noch nie hatten wir so gütige, so gerechte, so sozialdenkende Chefs». Die Brüder Schlumpf werden nicht ausgewiesen.

Feierabend: Die Belegschaft am Fabriktor in Malmerspach.

der des Betriebsrates am 14. Mai 1946 dem Präfekten.

Es ist nicht das einzige Zeugnis, das zu Gunsten der Fabrikherren ausgestellt wird.

Mehrere Lohnempfänger, Direktoren, Ingenieure, Angestellte, aber auch einfache Arbeiter setzen persönlich zahlreiche Schreiben zur Unterstützung der Brüder Schlumpf in dieser peinlichen Lage auf. Darin liest man etwa:

«Die Arbeiterschaft ist froh, heute ihr Brot in einem vollkommen modernisierten Betrieb verdienen zu können und weiß genau, daß sie dies ausschließlich der Weitsicht und den Fähigkeiten der Herren Frédéric und Jean Schlumpf verdankt» (in diesem Brief wurden die französischen Vornamen benutzt!). Und weiter: *«Sollte man in knappen Worten ihre Haltung uns gegenüber beschreiben, so würde man ohne Zögern die folgenden wählen: Verständige Herren, äußerst sozial fühlende Menschen, aufrichtige Familienväter...».*

Diese Haltung der Belegschaft sagt viel aus über das soziale Klima, das zu dieser Zeit in der Spinnerei herrscht: Es gibt niemanden, dem nicht irgendwann einmal von den Schlumpfs irgendwie geholfen wurde. Niemand will sich darum undankbar zeigen.

Sobald diese Unannehmlichkeiten mit der Behörde beiseite geräumt sind, strahlt Fritz buchstäblich. Er bleibt der unangefochtene Meister und König des Tals.

Er erntet, was er während des Krieges gesät hat. In den Kriegsjahren hat er seinen Betrieb entwickelt. Er steht im Ruf eines Retters der Industrie, eines Garanten der Vollbeschäftigung. Er hat Arbeitsplätze zu schützen gewußt. 1939 war die Spinnerei am Rande des Bankrotts. Jahrelang hatten die vorherigen Aktionäre ganz einfach zu investieren vergessen. Das Geschäft florierte, der Gewinn wurde verteilt: Als habe man aus der Krise von 1933 nichts gelernt oder lernen wollen.

«Man arbeitete 1939 nur zwanzig Stunden in der Woche und jeden Tag mußte man auf dem Rathaus vorstellig werden, um Subventionen zu empfangen», erzählt ein ehemaliger Angestellter. «Fritz aber brachte es fertig, gleich zu Anfang ei-

Ärger mit den Befreiern

Am 18. April 1946 erhalten Hans und Fritz Schlumpf ein Schreiben der Präfektur: Gegen sie wird ein Ausweisungsverfahren eingeleitet. Grund: *«Sie haben während der Besetzung in eindeutiger Weise eine deutschfreundliche Haltung an den Tag gelegt und haben sich so im nationalen Sinne tadelnswert benommen».*

Diese drohende Gefahr ist nur eine Folge ihrer vielen Schwierigkeiten mit den Behörden der Nachkriegszeit. Die Geschichte ihres Ärgers beginnt mit dem Einzug der französischen Truppen ins Thanner Tal.

Im Januar 1945 fürchtet man nämlich, daß sie eine Gefahr für die Armee darstellen. Sie werden also verhaftet und ins Hinterland geschafft, weg aus der Kampfzone: Zuerst nach Belfort, dann dürfen sie nach Masevaux, wo sie drei Wochen unter Hausarrest bleiben.

Im April 1946 wird ihr Besitz vorübergehend beschlagnahmt.

Warum all diese Maßnahmen? *«Es mag schon stimmen, daß die Brüder Schlumpf aus Eigennutz in ihren Beziehungen zu den deutschen Behörden mitunter zu Gefälligkeiten bereit waren, die überraschend und zudem übertrieben erscheinen mögen. Peinlich genau folgten sie dem alten Spruch: «Der Zweck heiligt die Mittel».*

«Herr Fritz Schlumpf besitzt einen ungewöhnlichen Geschäftssinn und eine Weitsicht, die es ihm erlaubt, alle Möglichkeiten zu nutzen, ohne sich dabei sehr um die Formen zu kümmern, die er akzeptiert, um zum Ziel zu gelangen».

Zwei Aussagen, die allem Anschein zum Trotz keineswegs von Gegnern der Schlumpfs stammen. Sie finden sich vielmehr in eidesstattlichen Erklärungen, die die Brüder zu ihrer Verteidigung gesammelt hatten.

Einem polizeilichen Untersuchungsbericht von 1946 zufolge, waren sie die ersten, die einen «Betriebsappell» in Gegenwart einer SS-Musikkapelle und von Naziprominenzen abhielten. Sie begnügten sich nicht damit, das Werk mit Nazifahnen zu beflaggen - jeder Betriebschef war damals dazu gezwungen. Im Eingang der Spinnerei stand das Porträt Hitlers auf einem von Grün umrankten Podest. Die Bilder von Göring, Goebbels und Wagner, dem Gauleiter des Elsaß, und das NS-Programm in goldenem Rahmen hingen an den Wänden dieses Raumes. Und eine Bilderreihe mit anderen Größen des «Dritten Reiches» zierte den Gang des ersten Stocks...

Während des Krieges bestellt Fritz bei der Gesellschaft Alsthom in Belfort ein Wärmekraftwerk von 4000 PS, um seine Werkstätten mit Energie zu versorgen. Er erhält die Baugenehmigung 1943 nur unter der Bedingung, behaupten seine Widersacher, kriegswichtige Industrien mit Strom zu beliefern, falls andere Elektrizitätswerke durch Bombardierung ausfallen.

Die Vorwürfe mehren sich. Aber Fritz entgeht mit seinem Bruder der Ausweisung; tatkräftige Unterstützung kommt in erster Linie vom schweizer Konsul. Andere Aussagen bezeugen frankophile Gefühle, die die beiden Brüder mit ihrer Mutter anscheinend hegten. Sie waren vom Sieg der Alliierten überzeugt. Der pronazistische Dekor in der Eingangshalle des Betriebes sei nur Maskerade zur Irreführung der Deutschen gewesen.

Als Beweis dafür stellt Fritz Schlumpf ein 400 Seiten umfassendes Dossier zusammen. Es wird in 500 Exemplaren verbreitet und umfaßt Freundschaftsbekundungen und andere Erklärungen, die zu seinen Gunsten abgegeben wurden: Sie stammen von Industriellen, Geschäftspartnern, Bürgermeistern, Pfarrern, Gewerkschaftlern, Arbeitern und Angestellten der Firma.

Um zu zeigen, daß er nicht der einzige war, der im Tal den Forderungen der Besetzer nachgab, bringt er auch Bilder einer anderen, ebenfalls mit dem Hakenkreuz beflaggten Fabrik des Tales vor...

Hakenkreuzflagge in einem anderen Betrieb des Tales.

Um halb sechs finden sich die neunhundert Beschäftigten und ihre Familien im Fabrikhof ein. Die Überraschung ist groß: ein Sonderzug mit zwölf Wagen steht auf dem Werkgleis. Die Fahrt geht zu schweizer Seen und in die Berge.

nen Großauftrag der französischen Armee zu bekommen. Und von da an gab es wieder Arbeit für die ganze Woche...».

Während des Krieges geht der Personalbestand von 1 200 auf 700 zurück. Viele Männer sind eingezogen worden, andere sind gegangen, andere wiederum entlassen worden.

Die Arbeitsbedingungen sind nicht schlecht. Die Arbeitsplätze sehen verhältnismäßig freundlich aus: Die Werkstätten sind hell und sauber, die Belüftung ist so geregelt, daß die Wolle gut gelagert und bearbeitet werden kann. Und das kommt auch dem Personal zu Gute.

Die Löhne sind verhältnismäßig niedrig. Die Textilindustrie zahlt im allgemeinen nicht viel. Es ist viel interessanter, in der metallverarbeitenden Industrie beschäftigt zu sein. Aber viele solcher Betriebe gibt es nicht im Tal. Die Schlumpfs halten sich strikt an die Regel: Keinen Centime zu wenig, aber auch keinen Centime zu viel. *«Wer noch'm Gsetz fahrt, fahrt güet»* heißt es im Dialekt. Und diesen Leitsatz pflegt auch Fritz zu gebrauchen. Manchmal sagt er auch: *«Ich brauche keine Gewerkschaften, da ich ja nach dem Gesetz handle».*

«Man wurde nicht sehr gut bezahlt», erinnert sich eine Arbeiterin. «Aber man war nicht weit weg vom Hause, das war praktisch für die Kinderpflege und das Essen...».

Unter solchen Umständen fällt es der Arbeiterschaft schwer, ihre Forderungen durchzusetzen, zumal es die Schlumpfs ausgezeichnet verstehen, mit persönlichen Beförderungen umzugehen. Sobald ein Gewerkschaftler sich etwas profiliert, wird er mit besonderer Fürsorge umhegt nach dem alten Prinzip «Teile und herrsche». Jene, die sich um die Maschinen kümmern, werden so etwa nach verschiedenen Sätzen entlohnt, mit der Begründung, manche von ihnen würde langsamer arbeiten als die anderen. So nährt man Mißgunst, die kaum in der Arbeiterschaft Solidaritätsgefühle aufkommen läßt.

Der Betrieb läuft zehn Stunden am Tag. Exportiert wird hauptsächlich in die Schweiz und nach Deutschland. Was von der Produktion übrig bleibt, wird meist den elsässischen Webereien verkauft. Diese Glanzperiode kommt hauptsächlich den leitenden Angestellten zugute, die ihren dreizehnten Monatslohn erhalten. Die Arbeiter hingegen bekommen nur eine Gratifikation zu Weihnachten und selbst diese nicht immer in gleicher Höhe.

«Wir betonen, daß diese Gratifikation auf unser Wohlwollen zurückgeht und keineswegs als bindend betrachtet werden kann, weder was das Prinzip noch was die Höhe des jährlichen Betrages angeht».

Fritz besteht hierauf. Er ist bereit zu geben, manchmal sehr großzügig. Aber ein Recht soll daraus nicht entstehen.

Ein wichtiges Jahr: 1954. Die Schichtarbeit wird eingeführt. Und das ganze Personal darf kostenlos einen großen Ausflug in die Schweiz machen. Ein Ereignis, von dem noch lange im Tale gesprochen wird. Fritz hat den gewünschten Erfolg erzielt, seine Initiative wird wie eine kleine Legende von Mund zu Mund weitererzählt.

An jenem 22. Juni haben sich um fünf Uhr morgens 900 Arbeitnehmer der Spinnerei mit ihren Familien im Fabrikhof ein Stelldichein gegeben. Wohin soll es gehen? Das ist ein großes Geheimnis. Fritz hat dafür gesorgt, daß alles unter größ-

Betriebsausflug: Der Weg durch Interlaken, vom Zug aufs Schiff.

tem Stillschweigen vorbereitet wird. Es soll eine Überraschung werden, eine große! Und wirklich: Da steht ein ganzer Zug auf dem Werkgleis, mit zwölf Wagen der Schweizer SBB, die extra zu diesem Zweck gemietet wurde.

Die Reisenden nehmen freudig Platz. Sie wissen nicht wohin die Fahrt gehen soll, außer, daß sie talwärts in Richtung Moosch, zum Bahnhof führen soll. Doch man munkelt von der Schweiz: Die Musiker der Spinnerei haben nämlich an den vergangenen Tagen die schweizer Hymne einstudiert. Und das konnte man doch nicht überhören.

Man nimmt eine kleine Stärkung zu sich. Der Zug fährt dann weiter nach Basel. Es geht über die Grenze, ohne Paß - oder Zollkontrolle, was damals noch Pflicht war. Die Maschine wird gewechselt und inzwischen gibt es ein kleines Platzkonzert auf dem Bahnsteig. Die französische Nationalhymne erklingt und darauf folgt die schweizer Hymne, über die sich alle Zuhörer freuen. Dann geht es weiter, der Zug rollt an. Aus den Lautsprechern tönen Musik, die Ansagen eines Fremdenführers und die Witze eines Komikers, der zu diesem Anlaß engagiert wurde. Fritz lacht bei jeder Pointe. Die Brüder und auch ihre Mutter sind natürlich mit von der Partie. In ihrem Abteil befinden sich ausgesuchte Gäste wie der schweizer Konsul, der ein Freund der Familie ist.

In Luzern steigt alles aus. Die Musikanten spielen auf zum Marsch in Richtung See. Am Kai liegt die *«Stadt Luzern»,* ein großer Raddampfer, der die «Arbeitsfamilie der Kammwollgarnspinnerei» auf den Vierwaldstätter See mitnimmt.

Die kleine Seefahrt regt Fritz offenbar an. In der Seemitte, gegenüber des Schiller-Denkmals, läßt er die Maschinen stoppen. Der Dampfer liegt still, die Kapelle spielt den *«Wettsteinmarsch»,* eine alte, Basler Weise. Dann ergreift Fritz das Wort. Trotz des erhebenden Augenblicks bleibt er ganz sachlich. Zwischen zwei Betrachtungen über die Schönheit der Schweiz und ihrer Berge, *«über die Italiens Sonne leuchtet»,* ruft er aus: *«Auch in Malmerspach sitzen wir im selben Boot»* und preist die alle vereinende Kraft an, mit der der Hafen angesteuert werde.

Fritz und seine Gäste.
Auch die Krankenschwestern des Spitals durften mit.

Rechte Seite: Für Unterhaltung sorgt ein Komiker.
Alphornsolo in Grindelwald.
In Basel: Schweizer Hymne auf dem Bahnsteig.

Grindelwald

Ein *«fantastischer Tag»,* werden sich die meisten später erinnern. Die Reise endet in allgemeiner Hochstimmung. Nur ein kleiner Schatten: Da sie werktags gemacht wird, bleibt dieser Tag unbezahlt...

Ein Jahr später geht es wieder auf Reisen. Diesmal im August, Richtung Berner Oberland. Alles ist in gewohnt gekonnter Weise organisiert.

Diese beiden Ausflüge sind effektvoll genug, um neue Kräfte anzuwerben. Die Konjunktur läuft gut und die Schlumpfs brauchen Personal. So steigt der Bestand wieder auf 1 200 Beschäftigte. Fortan steuern die braun-gelben Busse des Betriebes auch die Nebentäler an.

1956: Der Personalvertreter der CGT bittet in einem Brief mit Unterstützung der leitenden Angestellten Fritz darum, fortan auf Autorennen zu verzichten. Sein Leben sei zu wertvoll, um weiter solcher Weise aufs Spiel gesetzt zu werden...

Jeanne Schlumpf hatte schon versucht, ihren Sohn davon zu überzeugen. Vergeblich. Deshalb hatte sie dem Betriebsrat nahegelegt, ihrer Bitte etwas Nachdruck zu verleihen. Mit Erfolg: Fritz verzichtet künftig auf die Raserei.

Doch mit Einführung der Schichtarbeit verschlechtern sich die Beziehungen der Direktion zum Personal allmählich. Die Neuankömmlinge sind wahrscheinlich nicht so sehr von den «Wohltaten» überzeugt. Anders als die Alteingessenen bringen sie Erfahrungen aus anderen Betrieben mit. Zudem haben die Jahre den Charakter von Fritz nicht verbessert, ganz im Gegenteil. Er zeigt sich strenger als je zuvor.

Der Einsatz der ersten Zeitmesser bei den Spinnerinnen, sowie die Einführung der Akkordarbeit, tragen ebenfalls nicht zur Verbesserung der Lage bei.

1960 baut die christliche Gewerkschaft CFTC im Betrieb ihre Stellung aus. Im Gegensatz zu den vergangenen Jahren läßt sie sich nicht mehr bevormunden. Die Verantwortlichen lassen sich nicht mehr unter irgendwelchen Vorwänden unter Druck setzen.

An Bord der «Stadt Luzern».

Jeanne Schlumpf in der Kalesche.

Mitten auf dem Vierwaldstätter See läßt Fritz die Maschinen stoppen und hält eine Rede. Die Sonne lacht, die Alpen leuchten - der Augenblick ist günstig für schwärmerischen Schwung.

Hans und Fritz plaudern mit dem Kapitän der «Stadt Luzern».

JUN

Der Vertreter der Belegschaft bittet Fritz in einem Brief, er solle keine Autorennen mehr fahren. Das Werk, schreibt er, braucht ihn, sein Leben sei zu wertvoll, um weiter aufs Spiel gesetzt zu werden.

«Die Verhandlungen verliefen bald fruchtlos, denn Fritz wollte von Gewerkschaften nichts wissen», stellt ein Angestellter fest.

Hans ist emsiger denn je. Er überwacht die Werkstätten. Doch sein blaues Fahrrad dient nicht mehr für einen leutseligen Bummel. Damit ist es nun vorbei. Vielmehr bringt ihn der Drahtesel immer dorthin, wo man ihn am wenigsten erwartet, so zum Beispiel zu einer Gruppe von Arbeitern, die gerade eine kleine Verschnaufpause eingelegt haben. Die Schlumpfs haben sogar eine besondere Gruppe von Meistern angeworben: Zehn pensionierte Gendarmen.

Wie ein alter Patriarch, dessen Kinder seine bisher uneingeschränkte Macht in Zweifel stellen, geht Fritz einer neuen Epoche entgegen. 1962 ist das entscheidende Jahr für ihn. Da beginnt der Abstieg. Die einstige Macht bleibt nicht länger unbestritten.

Eines Tages, ohne jemanden zuvor davon in Kenntnis gesetzt zu haben, schließt er jene Werkstätte, wo bisher Rohwolle gewaschen und sortiert wurde. Noch schlimmer, die Kämmaschinen werden ebenfalls abgebaut, sind sogar schon verkauft. Fortan wird die Spinnerei nur noch Kammwolle verarbeiten, die zuvor in Nordfrankreich bereits aufbereitet wurde. Das erfährt die Belegschaft am selben Tag, als mehr als hundert Arbeiter gleichzeitig ihren Kündigungsbrief erhalten. Niemand wußte etwas davon, selbst der Betriebsrat nicht, der laut Gesetz darüber hätte unterrichtet werden müssen. Große Bestürzung: Ungefähr dreißig Gewerkschaftler gehen zu Fritz. Er

Auf Verlangen von Jeanne Schlumpf, die über Fritz' riskante Autorennen sehr besorgt ist, bittet der Gewerkschaftsdelegierte seinen Chef inständig, an diesen Wettbewerben nicht mehr teilzunehmen.

Malmerspach, ce 4 juillet 1956

Monsieur Fritz SCHLUMPF
Directeur de la FILATURE DE LAINE PEIGNEE DE
MALMERSPACH

Ayant appris que vous avez l'intention de participer dimanche prochain à la course de Goldbach, je suis obligé de faire l'interprête de mes collègues du Comité d'Entreprise, du personnel tout entier, ainsi que de leurs familles pour vous prier de vouloir bien vous abstenir de cette compétition qui pourrait mettre votre vie en danger et nous priver de notre estimé Patron: père nourricier d'une grande partie des habitants de la haute vallée de la Thur .

Monsieur Schlumpf ! - Vous avez toujours été extrêmement sensible aux désirs de votre personnel que j'ose espérer que cette fois-ci encore - quoique cela puisse vous coûter de peine - vous lui ferez le plaisir de ne pas participer à cette course que nous jugeons trop dangereuse pour un homme qui porte une responsabilité comme celle qui pèse sur vous .

Aussi, au nom de tous, je vous remercie très sincèrement de votre renonciation et vous prie de bien vouloir m'excuser du sacrifice que je suis dans l'obligation de vous demander au nom de l'ensemble du personnel de votre Firme qui apprécie toutes les peines que vous vous donnez pour lui .

Veuillez me croire, Monsieur Schlumpf, votre tout dévoué et respectueux ,

Welklen Louis
Délégué du Personnel

Malmerspach, den 4. Juli 1956

An Herrn Fritz Schlumpf,
Direktor der Kammwollspinnerei von Malmerspach

Da wir erfahren haben, daß Sie beabsichtigen, am nächsten Sonntag am Bergrennen von Goldbach teilzunehmen, sehe ich mich verpflichtet, Sie im Auftrag meiner Kollegen des Betriebsrates, der gesamten Belegschaft und ihrer Familien zu bitten, darauf zu verzichten. Das Rennen könnte Ihr Leben gefährden und uns so unseres verehrten Direktors berauben, des Brotgebers eines großen Teiles der Bevölkerung des oberen Thürtales.

Herr Schlumpf, Sie waren stets gegenüber den Wünschen ihres Personals empfänglich. Wir dürfen deshalb hoffen, daß Sie uns auch diesmal, soviel es Sie auch kosten mag, eine Freude machen und an diesem Rennen nicht teilnehmen. Wir halten es für einen Mann, der wie Sie eine große Verantwortung trägt, zu gefährlich.

Deshalb danke ich Ihnen im Namen aller recht herzlich für Ihren Verzicht und bitte Sie mir zu vergeben, ein solches Opfer von Ihnen verlangt zu haben; ein Opfer, das zu verlangen ich gezwungen war im Namen des ganzen Personals Ihrer Firma, das alle Mühe, die Sie für sein Wohlergehen erbringen, hoch zu schätzen weiß.

Welklen Louis
Vertreter der Belegschaft

droht, die Polizei zu rufen. Sofort wird ein Proteststreik ausgerufen.

Die Sorgen der arbeitenden Bevölkerung treffen bei den kirchlichen Behörden auf Verständnis, denn viele der Gewerkschaftler sind engagierte Christen. Der Bischof von Straßburg gibt eine Erklärung ab, in der die vom Arbeitsplatzverlust bedrohten Familien kirchlichen Beistand finden. Am Sonntag wird dieser Hirtenbrief in allen dreizehn Pfarreien des Tales von der Kanzel herab gelesen.

Fritz ist wütend. Er empfindet die bischöfliche Mahnung als unerträgliche Einmischung in seine persönlichen Angelegenheiten und richtet an den Dekan einen Brief, in dem er diesem künftig verbietet, das Betriebsgelände zu betreten. Von einem Tag auf den anderen werden alle «sozialen Wohltaten» abgebaut. Keine Gratiswolle mehr für die Krankenschwestern, die Bürgermeister, das Schulpersonal, die Postangestellten, das Personal des Steuereinnehmers. Kein Gramm mehr! Den Vereinen steht der Festsaal der Spinnerei nicht länger zur Verfügung: Schluß auch mit den Weihnachtsfesten. Es kamen sowieso immer weniger Leute. Am Wochenende bleiben die Busse in der Garage. Vorbei mit den Ausflügen. Im Bericht des Betriebsrates liest man kurz nach diesen Ereignissen:

«Die Direktion besteht auf ihrem Beschluß, dem Personal keine Ware zu verkaufen und keine Vorschüsse auf das Gehalt zu gewähren».

Äußerster Ausdruck der Verbitterung der Schlumpfs: Sie verzichten, so schreiben sie dem Pfarrer von Sankt Amarin, auf den Bau einer Kirche in Malmerspach. Fritz wollte sie der Heiligen Johanna im Gedenken an seine «liebe Mutter» widmen und hatte der Pfarrei ein Stück Boden nahe der Thür versprochen.

Die Haltung der Gewerkschaft im Betrieb verschärfte sich noch, als sich die sozialistische CFDT von der christlichen CFTC abspaltete.

Nach und nach verblaßt so der Heiligenschein, den die Leute im Tale den Schlumpf aufs Haupt gesetzt hatten.

Die Kirche nimmt Stellung

Im Jahre 1962 kommt es in Malmerspach zu den ersten Entlassungen. Vorbei ist es mit Wohlwollen gegenüber den Brüdern Schlumpf. Zaghaft wird erstmals ihr Verhalten getadelt. Am aufsehenerregendsten ist wohl die Erklärung des Bischofes von Straßburg, Jean-Julien Weber die ziemlich offen den Beschluß der beiden Brüder rügt:

«Der Bischof von Straßburg, der die Nöte und Freuden seiner Pfarrgemeinden teilen will, ist bestürzt über die Entlassung von einigen hundert Textilarbeitern vornehmlich im Thürer Tal.

Entlassungen sind immer peinlich, sie sollen aber der menschlichen Würde gerecht bleiben und auf die Bedürfnisse der arbeitenden Menschen und ihrer Familien achten. Sie dürfen nur in äußerstem Falle erfolgen und sollen dann mit dem nötigen Ernst erfolgen und neue Arbeitschancen eröffnen und die gewerkschaftlichen Rechte respektieren.

Deshalb hofft der Bischof, daß die Betriebe und die Behörden alles tun, um diesen Forderungen gerecht zu werden, so daß die materielle Sicherheit der Bevölkerung und der soziale Frieden erhalten bleiben».

«Der Frost kam und man fing an zu husten; die Schlumpfs verloren an Prestige», kommentiert ein Bürgermeister rückblickend auf die Ereignisse der sechziger Jahre.

Die CFDT führt bald scharfe öffentliche Kampagnen. Systematisch werden Flugblätter in alle Briefkästen des Tales gesteckt. Sogar auf den Märkten werden sie verbreitet. Einmal bekommt dort sogar Hans einen, in den der Händler das gekaufte Gemüse eingewickelt hat.

«Für die Leute war Schlumpf eine Art Herrgott», erklärt ein Vertreter der CFDT. «Damit wollten wir Schluß machen. Deshalb unsere Informationskampagne. So erreichten wir einen Wandel der öffentlichen Meinung sowohl beim Personal der Spinnnerei als auch bei der Einwohnerschaft des Tales».

Der Mythos der «Wohltaten» wird Schritt für Schritt zerstört. Die Vorteile, die die Industriellen gewähren, wurden nicht aus ihrem Säckel bezahlt, heißt es, sondern aus der Betriebskasse. Hilfe werde nur mit dem Hintergedanken gewährt, dafür Erkenntlichkeit einzutauschen. Sie ist ein ausgezeichnetes Druckmittel. Wenn schwangere Frauen oder Kranke mit Dienstwagen ins Spital gefahren werden, dann zahlt die Krankenkasse die Reise, erzählt man weiter. Und man erfährt, daß die Pfarrei von Sankt Amarin eine Rechnung für die Erneuerung der elektrischen Anlage der Kirche und die Aufstellung der Körbe für den Basket-Club erhalten habe. Die Arbeiten waren durch Angestellte des Betriebes ausgeführt worden. Am Ende muß die Gemeinde tatsächlich die Rechnung begleichen - der Bürgermeister war ja schließlich bei der Spinnerei angestellt.

Trotz einiger Konflikte zwischen Direktion und Gewerkschaftlern kommt es für einige Jahre zum Burgfrieden.

Der wirkliche Kriegausbruch erfolgt im Frühjahr 1971.

Am Montag nach dem Weißen Sonntag, läutet es plötzlich Sturm. Die Leute schrecken auf: Beiderseits der Thür dröhnen die Glocken von Moosch, Sankt Amarin, Oderen und Felleringen. Sie rufen die Bevölkerung zu den Streikenden im

Über hundert Arbeiter, vorallem Frauen, sollen entlassen werden. Im Tal herrscht tiefe Betroffenheit.

Um 18 Uhr läuten die Glocken im Tal. Die Einwohner laufen zum Fabriktor: Der Streik hat begonnen.

Fabrikhof der Malmerspacher Spinnerei. Seit zwei Wochen schon wird gestreikt. Nun sind die Streikenden fest entschlossen, endlich eine Antwort von Fritz Schlumpf zu erzwingen. Sie wollen einen dreizehnten Monatslohn, eine Altersgratifikation - lauter Dinge, die es in anderen Textilbetrieben der Umgegend längst gibt.

Auch diesmal haben sich die Geistlichen des Tales mit der Arbeiterschaft solidarisch gezeigt: Sie waren es, die die Glocken läuten ließen.

Aus dem ganzen Tal strömen Familien und Freunde der Streikenden und Arbeiter der benachbarten Betriebe zu den gelben Mauern der Spinnerei und überqueren die alte Eisenbrücke zum Tor.

Mehr als sechshundert Männer und Frauen stehen nun im Hof. Es ist Abend und in den Büros wird verhandelt. Das geht bis spät in die Nacht hinein. Mitternacht: Draußen ertönen Schreie, bewegen sich dunkle Gestalten: Fritz hat auf einmal Angst, er gibt nach.

«Er war richtiggehend krank deswegen, es war wohl der schlimmste Tag seines Lebens», erzählt ein Angestellter. «Er saß ganz zusammengesunken in seinem Auto. An diesem Tag beschloß er wohl, Malmerspach zu Grunde gehen zu lassen».

Zum ersten Mal hat Fritz verloren. Noch ist er nicht am Ende seiner Sorgen. Einige Monate später muß er noch eine schlimmere Schmach ertragen, diesmal in Mülhausen, in der Spinnerei

Zurückgezogen in sein Bürò in der ersten Etage des weitläufigen Verwaltungsbaus der Fabrik, weigert sich Fritz Schlumpf, die Abgeordneten der Streikenden zu empfangen. Von seinen Arbeitern belagert, gibt er um Mitternacht schließlich nach. Ertsmals in seinem Leben hat er nachgegeben.

1971: Erster größerer Konflikt in Malmerspach. Vor den Fenstern der Direktion stimmen die Arbeiter für Streik.

Tausend Menschen demonstrieren vor dem Museum und verbrennen unter Applaus eine Strohpuppe, die Fritz darstellt.

Glück, die er erst vor kurzem gekauft hat. Vier Monate nach der Übernahme, tritt die gesamte Belegschaft in einen Lohnstreik. Wieder verbohrt sich der Direktor in seine Position. Es ist ihm unerträglich, daß sich die Gewerkschaften zwischen ihn und das Personal schieben.

Er verweigert also kurzerhand jede Diskussion, allen Ratschlägen der Arbeitsinspektoren zum Trotz. Ja, er droht sogar, die Arbeitszeit herunterzusetzen, falls auf Streik bestanden wird.

Am 29. Oktober 1971 laden Streikende von Mülhausen die Bevölkerung zu einem Besuch der Autosammlung Schlumpf in der ehemaligen Spinnerei HKC an der Colmarer Straße ein. Eine Malmerspacher Delegation will sie unterstützen. Wenn es sein muß, werden sie das künftige Museum sogar stürmen. Es sind etwa vierhundert. Ungefähr ebensoviele Polizisten hat auch die Behörde aufgeboten. Scheiben gehen zu Bruch. Der Präfekt wendet sich an die Schlumpfs und fordert sie zur Aufnahme der Verhandlungen auf. Vergebens. Einige Tage später versammeln sich rund tausend Anhänger der CFDT vor dem Museum und verbrennen unter Jubel eine Strohpuppe, die Fritz darstellen soll.

Nummehr glauben sich die Brüder ihres Lebens nicht mehr sicher und flüchten in die Schweiz. Sie weigern sich, einen Fuß auf französischen Boden zu setzen, um zu verhandeln. Doch weiß der Präfekt Rat: Das Treffen wird ganz einfach auf neutralem Boden erfolgen, im Flughafen Basel-Mülhausen. Ein Salon im schweizer Teil des Flughafens wird Gewerkschaftler und Direktion Raum und Gelegenheit zur Versöhnung bieten. Verlorene Müh: Fritz beharrt auf seiner Position. Die Streikenden ziehen unverrichteter Dinge ab, der Streik wird abgebrochen. Fritz aber bleibt im Innersten getroffen. Er wird niemals wieder einen Fuß in den bestreikten Betrieb setzen.

In einem Brief, den er an den Präfekten richtet, bekräftigt er seinen Entschluß, diesen Betrieb zu schließen und das Personal zu entlassen, falls sich jemals wieder solche Dinge wiederholen.

Einige Zeit später betritt er den Malmerspacher Saal, in dem Hans die Betriebsrats-Versammlung leitet und schreit: *«Du verhandelst noch mit diesem Pack. Ich will, daß du sofort mit rauskommst!»*

Das «Pack» aber festigt seine Stellung. Von 1970 an macht es sich um die Zukunft des Konzerns Sorgen. Man befürchtet, daß die Autosammlung die Existenz der Betriebe bedroht und kritisiert die Politik der Gebrüder Schlumpf. Man verdächtigt die Unternehmer, ihre hochfliegenden Pläne durch Tricks bei der Buchführung zu finanzieren. Dies wäre ja verhältnismäßig einfach, da neben den Produktionsbetrieben noch Handelsgesellschaften bestehen. So verfassen sie einen Artikel, der allerdings im Gewerkschaftsblatt nicht erscheint: *«Man kaufe ein Werk wie HKC, man schließe es und lasse dann sein eigenes Werk, in diesem Falle Malmerspach, für das stillgelegte Werk zu verbilligten Sätzen arbeiten, um dann die Gewinne zu investieren... am besten in alten Automobilen!»*

Fritz droht den Gewerkschaftlern, sie gerichtlich zu belangen, falls diese Zeilen je erscheinen sollten. Der Text bleibt in der Schublade. Dennoch bleiben seine Verfasser überzeugt, daß sie den Nagel auf den Kopf getroffen haben. Mehrere Jahre lang bleiben sie bei dieser Meinung, warnen, vermehren ihre Anspielungen auf die Sammlerleidenschaft ihres Direktors in Versammlungen und Flugblättern.

Polizisten verwehren den Zugang zum Museum.

Im Laufe der Zeit wächst die Besorgnis auch in den anderen Betrieben, deren Vertreter sich schließlich in Wintzenheim in der Nähe von Colmar treffen. Denn hier hat Fritz sich eine Villa gekauft, in der seine Lebensgefährtin Arlette lebt. Die Vertreter des Personals treffen sich aber umsonst. Sie versuchen, ihre Sorgen den Behörden oder Politikern verständlich zu machen. Doch es scheint, als wolle man sie nicht verstehen.

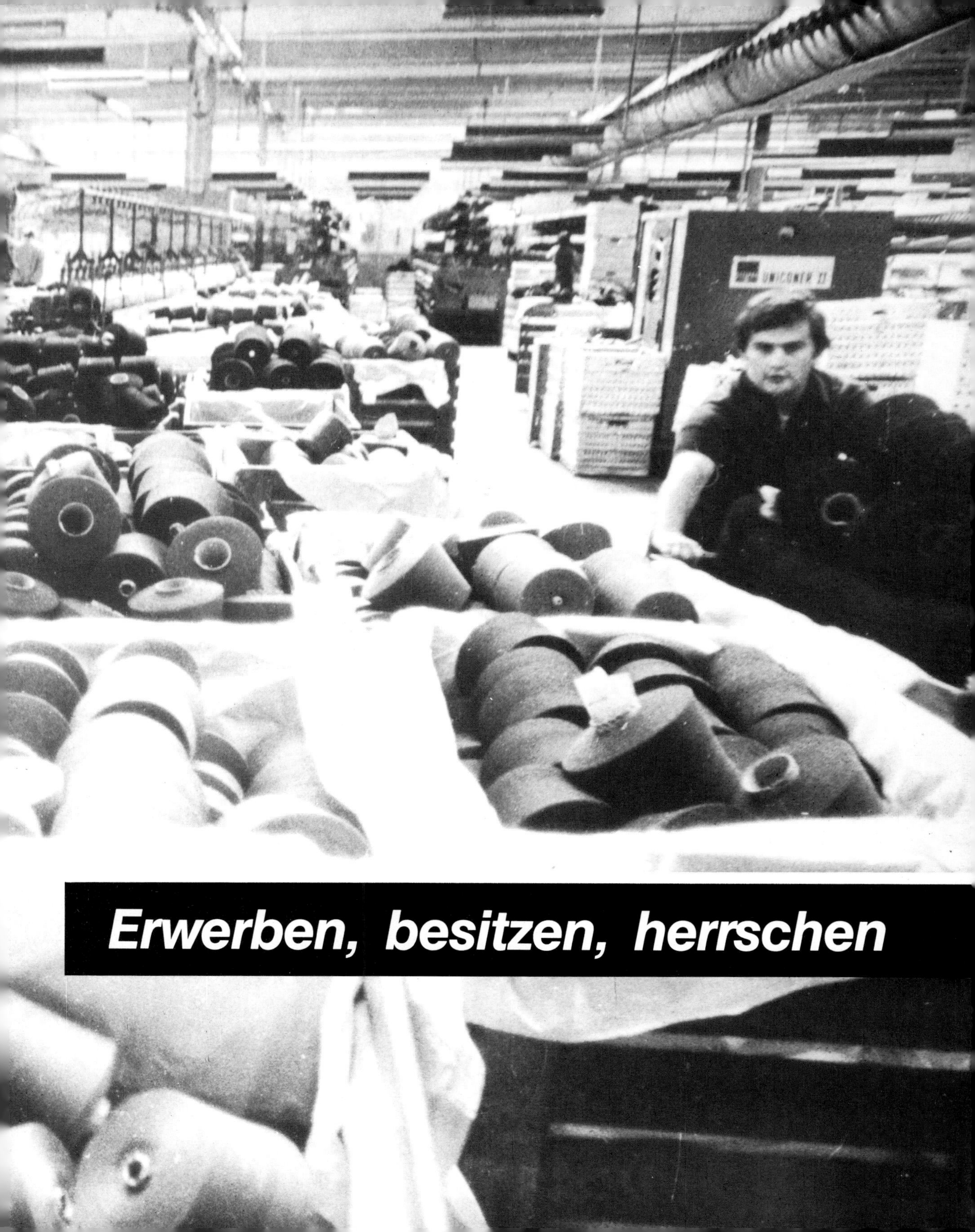

Erwerben, besitzen, herrschen

4 Erwerben, besitzen, herrschen

«So vollendeten die Herren Fritz und Hans Schlumpf den Plan, den sie vor ungefähr 34 Jahren gefasst hatten: Die gesamte elsässische Kammwollindustrie zu erweben, zu besitzen und zu kontrollieren. Das selbstgesetzte Ziel ist nun erreicht, dank ihrer Willenskraft, Hartnäckigkeit, Ausdauer, Beharrlichkeit, ihres Mutes, ihren Mühen, Sorgen und ihrer Arbeit».

Diese Siegesbotschaft, die nur so von Großmannssucht strotzt, schicken die Gebrüder Schlumpf nun in die ganze Welt. Sie wird als Rundschreiben auf Französisch und Deutsch an mehr als tausend Menschen verschickt und wird an die Presse weitergegeben. Den Lokalzeitungen gegenüber bestehen die beiden Industriellen darauf, daß sie in vollem Wortlaut erscheint. Jeder soll von ihrem Sieg erfahren.

An diesem 23. Juni 1971 haben sie also die Spinnerei Glück von Mülhausen, dieses Prunkstück der elsässischen Textilindustrie, unter ihre Kontrolle gebracht.

In diesem Vorsommer liegt eine brütende Hitze über der Stadt. Man würde glauben, sie sei in den Tropen. Sogar der sonst so graue Bahnhof sieht leuchtend aus, der rosarote Sandstein flimmert unter dem alten Staub. Gegenüber liegt die Handelskammer. Zwei weiße Mercedes halten davor. Vier Männer in hellen Kleidern und eine Frau entsteigen ihnen. Sie treten in den Schatten der Säulenhalle vor dem Bau und gehen hinein. Mit forschem Schritt kommen sie in den großen Saal des ersten Stockes, wo die Aktionäre der Gesellschaft Glück versammelt sind. Viele sind da. Die Mitglieder des Verwaltungsrates sind auf dem Podium. In den zwanziger Jahren eingerichtet, ist der Saal eine Art Mischung zwischen Gericht und Lehrraum. Nun betritt die Gruppe den Saal. Alle staunen. Ein Bombeneffekt! Alle haben Fritz und Hans Schlumpf erkannt. Sie sind in Begleitung ihrer Prokuristen und einer Sekretärin.

In all den Jahren zuvor waren die Schlumpfs nie zu Generalversammlungen gekommen. Obwohl sie Teilaktionäre der Mülhauser Spinnerei Glück waren, ließen sie sich stets vertreten und

In einem Spinnereisaal (vorhergehende Seiten).

Auf dem Parkplatz der Handelskammer von Mülhausen, gegenüber dem Bahnhof, halten zwei Mercedes. Vier Männer in hellen Kleidern und eine Frau steigen aus. Alles staunt.

Die Gebrüder Schlumpf triumphieren: nun sind sie die Herren der gesamten elsässischen Wollindustrie.

gaben ihr Stimmrecht anderen. Warum sind sie ausgerechnet an diesem 23. Juni 1971 anwesend? Das kann nichts Gutes bedeuten...

Gleich zu Beginn steht ein schweizer Teilhaber, Hans Hadorn, auf und verkündet mit gleichgültiger Stimme: *«Die Schappe A.G., die ich hier vertrete, hat die Gesamtheit ihrer 19 943 Aktien an die Herren Fritz und Hans Schlumpf verkauft».*

Dieser Satz genügt. Was der Sprecher noch zu sagen hat, verliert sich im allgemeinen Durcheinander. In ihrer Verblüffung haben die Anwesenden doch sofort verstanden: Die Mehrheit liegt nunmehr in anderen Händen.

Hans Hadorn hatte mit den Schlumpfs in aller Stille verhandelt. Ohne die anderen Aktionäre zu unterrichten, hatte er die Aktien der Schappe A.G., die ihrerseits unter Kontrolle des amerikanischen Textilriesens Burlington stand, weiterverkauft. Das waren 34 % des Kapitals. Da die beiden Industriellen von Malmerspach schon 17 % besaßen, hielten sie jetzt die Aktienmehrheit. Fritz bestätigt es und setzte sofort die bisherigen Leiter der Firma ab, ohne auch nur mit der Wimper zu zucken. Es fallen nicht einmal die Phrasen, mit denen man ansonsten den Scheidenden ihren jähen Abgang versüßt.

Die beiden Brüder frohlocken. Dank der Hilfe von Hans Hadorn ist alles glänzend verlaufen. Eine seltsame Gestalt, dieser Hadorn: 1982 verurteilen ihn die schweizer Richter zu vier Jahren Gefängnis. Er hatte Gelder seiner Firma Baltex veruntreut. Doch 1971 hat er den Schlumpfs einen ausgezeichneten Dienst erwiesen. Ihre Opfer zeigen bestürzte Mienen. Nichts Schlimmeres konnte ihnen geschehen: Nun stehen sie unter der Fuchtel von Fritz und Hans Schlumpf, denen sie seit Jahren nicht trauen und von denen sie sich ein wenig schmeichelhaftes Bild machen. Sie kennen die Verachtung, die die Brüder lokalen Industriekreisen gegenüber an den Tag legen. Seit über dreißig Jahren beobachten sie den Aufstieg der Schlumpfs mit Mißtrauen.

Die Kindheit von Fritz und Hans Schlumpf verlief glücklich zwischen den bunten Gewächshäusern der Großeltern. Die große Gärtnerei der Mülhauser Familie Becker blüht zu Beginn des Jahrhunderts. Frühjahr 1906: Die Tochter Jeanne zieht mit ihrem Gatten Karl und ihren beiden Söhnen zurück in den Kreis ihrer Familie.

Karl ist Schweizer aus der Gegend von Toggenburg im Kanton Sankt Gallen. Er stammt aus einer alteingesessenen Patrizierfamilie, die begütert ist und ihr eigenes Wappen führt. In Italien in einem Textilbetrieb von Omegna, einem kleinen Industrieort nahe beim Orta-See, findet er seine erste Stelle. Und hier lernt Jeanne Karl kennen. Sie wollte eigentlich nur ihre Schwester, die Frau eines der Firmenleiter besuchen. Die jungen Leute heiraten wenige Monate später und richten sich in Omegna ein. Am 21. Februar 1904 schenkt Jeanne ihrem ersten Buben das Leben: Hans, laut Standesamteintrag «Giovanni». Zwei Jahre später, am 24. Februar, wird Federico, genannt Fritz geboren.

Jeanne liebt Spaziergänge mit ihren beiden Babies am Ufer des Orta-Sees, der einer der kleinsten und ruhigsten Seen Italiens ist.

Aber sie sehnt sich nach den Blumenbeeten und Wiesen des elterlichen Betriebs in Mülhausen. Es bedarf keiner großen Mühe, um Karl zu bewegen, Italien zu verlassen. Zumal die Beckers ihrem Schwiegersohn eine Stelle anbieten: Er soll ihre Buchführung übernehmen. So wird er 1906 zum Buchhalter der Gärtnerei.

In Mülhausen verbringen Fritz und Hans eine ruhige Jugend. Sie werden bürgerlich erzogen. Oberstes Prinzip ist der gesellschaftliche Erfolg.

Ein alter Schulkamerad von Fritz erinnert sich daran, daß die beiden Brüder nur wenig Bekannte hatten. Er selbst bildete eine Ausnahme, sein Vater war Bankier und zählte also in ihren Augen zu den «besseren Leuten».

Eine andere Beurteilung aus dieser Zeit: «Ich war in derselben Klasse wie Fritz mit einem Kameraden, der vor ihm berühmt wurde: Pierre Pflimlin, künftiger Premierminister Frankreichs, der 1958 General de Gaulle an die Macht rufen und später erfolgreicher Bürgermeister von Straßburg werden wird. Pierre Pflimlin war stets der Erste seiner Klasse. Von Fritz kann man nicht dasselbe sagen».

Nach der Sekundarschule besucht Hans eine Handelsschule im schweizerischen Freiburg. Fritz studiert nicht: Nicht, weil er dem nicht gewachsen oder nicht gewillt wäre. Das Schicksal verhindert es einfach. Karl stirbt im August 1918 nach langwieriger Krankheit. Besonders den Jüngsten traf dieser Verlust. Schluß mit der geborgenen Kindheit und Jugend. Doch Fritz trotzte dem Schicksal, indem er bald ins Berufsleben eintritt und eine Anstellung bei der Textilfirma Wallach in Mülhausen annimmt.

Einige Jahre nach dem Tod von Karl haben die Schlumpfs das große Haus, das sie nahe der Gärtnerei am Rande von Mülhausen bewohnten, verlassen müssen. Sie leben nun in einer kleineren Wohnung, die allerdings an der Sinne, einer der feudalsten Straßen der Stadt liegt, direkt neben dem luxuriösen Parkhotel, das ehemals in einem als Kunstgalerie gedachten Prachtbau eröffnet wurde.

Fritz bewundert die schönen Autos, die vor dem Hotel halten. Besonders den Bugattis zollt der junge Mann schon größte Bewunderung. Auch andere Marken begeistern ihn. So gefällt ihm besonders der Werbespruch, der 1929 von der Firma Voisin geführt wird: *«Ein Haus, das im Stande ist, einen Wagen zu bauen, der so viele Weltrekorde geschlagen hat, ist mit Recht ein stolze Haus»*. Ein rosarotes Werbeblatt dieser Autofirma verwahrt Fritz später in seinem persönlichen Archiv. An der Sinne lebt Fritz mit seinem Bruder und seiner Mutter. Beide Söhne hegen zur Mutter, die sie streng erzieht, eine tiefe, fast inbrünstige Liebe.

Fritz überflügelt schnell seinen Bruder. Er ist es, der das Vermögen der Familie verwaltet. Und

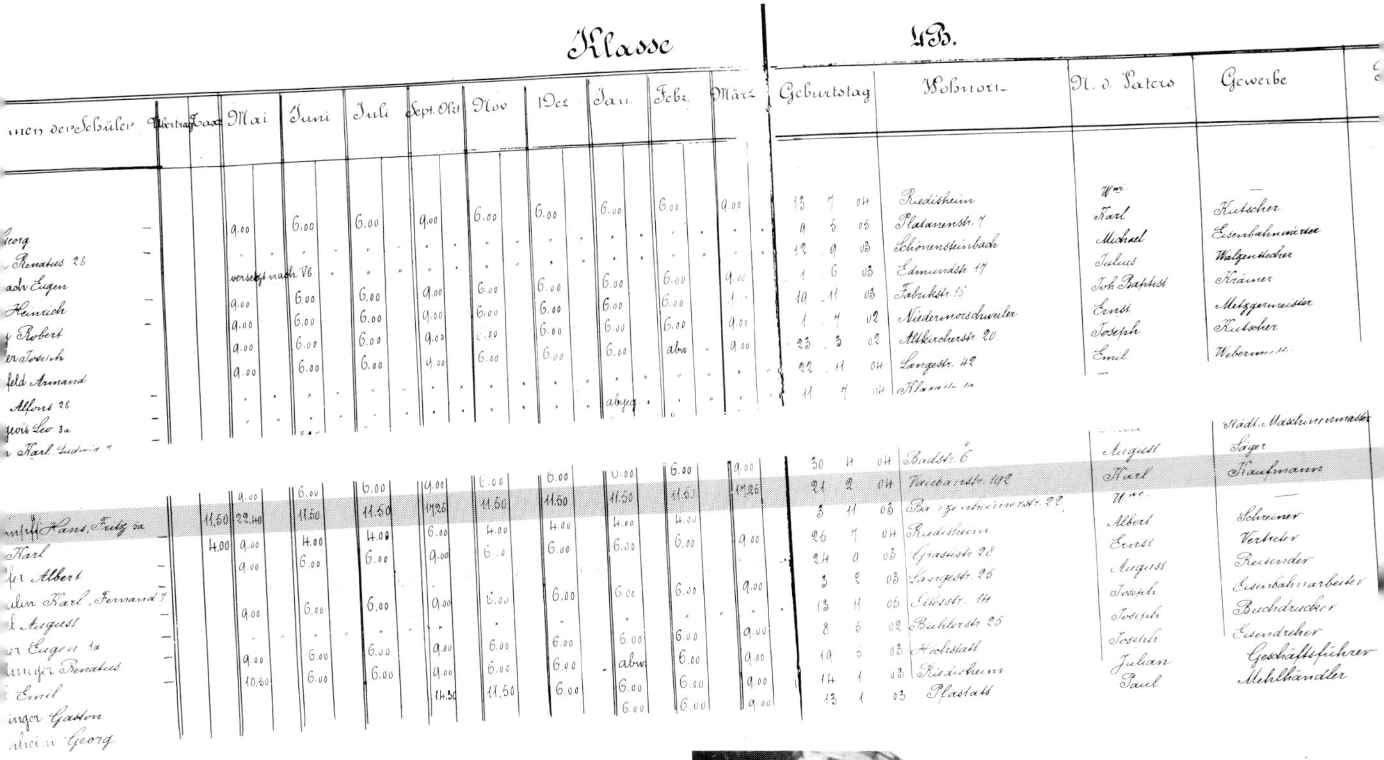

Klasse 4B.

Namen der Schüler | Übertrag | Taxe | Mai | Juni | Juli | Sept. Okt. | Nov | Dez | Jan. | Febr. | März | Geburtstag | Wohnort | N. d. Vaters | Gewerbe

Georg; Renatus 2b; …ach Eugen; Heinrich; …y Robert; …er Joseph; …feld Armand; Alfons 2b; …geois Leo 3a; …n Karl, Ludwig 4; …mpff Hans, Fritz 5a; Karl; …er Albert; …lin Karl, Fernand 7; …k August; …er Eugen 1a; …inger Renatus; … Emil; …inger Gaston; …rhein Georg

Geburtstag	Wohnort	N. d. Vaters	Gewerbe
13 7 04	Riedisheim	Wwe.	—
9 5 05	Platanenstr. 7	Karl	Kutscher
12 9 03	Schönensteinbach	Michael	Eisenbahnarbeiter
1 6 03	Edmundstr. 17	Julius	Walzenstecher
10 11 03	Fabrikstr. 15	Joh. Baptist	Krämer
1 7 02	Niedermorschweiler	Ernst	Metzgermeister
23 3 02	Altkircherstr. 20	Joseph	Kutscher
22 11 04	Langestr. 42	Emil	Webermeister
11 7 04	Klarastr. [illegible]		
			Städt. Maschinenmeister
30 4 04	Badstr. 6	August	Säger
21 2 04	Vaubanstr. 142	Karl	Kaufmann
3 11 03	[illegible]str. 22	Wwe.	—
25 7 04	Riedisheim	Albert	Schreiner
24 9 03	Grasiestr. 28	Ernst	Vertreter
3 2 03	Langestr. 26	August	Reisender
13 11 05	[illegible]str. 14	Joseph	Eisenbahnarbeiter
8 5 02	Buhlerstr. 25	Joseph	Buchdrucker
19 5 03	Hochstatt	Joseph	Eisendreher
14 1 03	Riedisheim	Julian	Geschäftsführer
13 1 03	Rastatt	Paul	Mehlhändler

Die Schlumpfs haben die religiöse «Brüderschule» in Mülhausen besucht. Ihre Namen und die Höhe ihres Schulgeldes stehen im Rechnungsbuch des Hauses.

Das «Hôtel du Parc». Fritz und Hans wohnen mit ihrer Mutter neben diesem Luxushotel. Jahrzehnte danach kaufen sie es.

Die Aktionäre der Spinnerei von Malmerspach rufen Fritz Schlumpf. Wenige Monate später ist er der Chef. Die Machtergreifung geschah rasch.

dies mit seltsamen Vorahnungen: Schon 1932 schreibt er mehreren schweizer Versicherungsgesellschaften - die Schlumpfs sind schweizer Bürger - und fragt an, ob sie *«das Risiko eines Krieges in einem durch Landsleute bewohnten Lande»* decken. Seit 1918 ist das Elsaß wieder französisch, aber es ist auch Grenzland. Der Aufstieg der Hitlerbewegung in Deutschland wird hier mit besonderer Besorgnis verfolgt.

Am Ende seines ersten Arbeitstages bei Wallach wendet sich der Abteilungsleiter an Fritz und sagt, er solle am nächsten Morgen etwas früher als seine Kollegen kommen und die Tintenfässer füllen.

«Und wer verrichtete diese Arbeit bisher?», fragt der junge Angestellte.

«Das machte ich selbst», antwortet der Chef.

«Und dabei wird es bleiben», gibt der junge Mann zurück.

Solche Arroganz wird Stadtgespräch. So etwas hat es im Kontor eines Mülhauser Textilbetriebs noch nie gegeben. Leute vom Fach erinnern sich noch sechzig Jahre später daran. Selbstverständlich bleibt Fritz nicht lange bei Wallach...

Er arbeitet dann bei einem Baumwollhändler, wo er sich das nötige berufliche Rüstzeug holt. 1928 ist es soweit, Fritz wird flügge. Aber Baumwolle interessiert ihn nicht mehr. Wolle ist besser. Im Vergleich zum alten Kattun stellt dieser Stoff den Adel des Berufes dar. Fritz spezialisiert sich als Makler. Mit dem Fahrrad radelt er von einer Spinnerei zur nächsten, ein Wollpaket in blauem Papier auf dem Gepäckträger. So tun es alle. Bald ist der junge Händler bekannt. Er ist zäh in den Verhandlungen: *«Wenn wir ein Geschäft abschließen»* schreibt er im Januar 1931 einem seiner Lieferanten, *«so ist es um Geld zu verdienen. Sonst hätte es ja keinen Zweck und wir würden besser spazierenfahren!»*

Hans führt vergleichsweise ein eintöniges Dasein. Seit dem 1. Januar 1929 arbeitet er in einer Lokalbank, die nur wenige Meter von der Familienwohnung entfernt liegt. Er ist am Schalter für Geldanlagen und macht sich mit Börsengeschäften vertraut - ein Hobby, das er sein ganzes Leben über pflegen wird.

Am Ende des Jahres tritt er jedoch aus der Bank aus und wird Teilhaber im Geschäft seines jüngeren Bruders. 1935 gründen sie die *«Société anonyme pour l'industrie lainière»,* die SAIL. Eine «Aktiengesellschaft für die Wollindustrie», deren Ziel der Vertrieb von Rohwolle, gewaschener, gekämmter und gesponnener Wolle ist. Fortan reist Fritz viel, überall hin, wo Wolle verarbeitet oder mit ihr gehandelt wird, nach Nordfrankreich, Paris, Deutschland.

Die SAIL ist ein Spekulationsgeschäft. Der junge Geschäftsmann hat Spürsinn und Talent, Wolle billig in Australien oder Südafrika zu kaufen, um sie in Roubaix oder im Elsaß teurer an den Mann zu bringen. Oft sind die Kursschwankungen von einem Ort zum anderen beträchtlich, da darf man sich nicht irre machen lassen.

Hans und Fritz lassen auch Wolle *«à façon»,* nach Maß, und nach Fasson, und auf eigene Rechnung verarbeiten, manchmal auch in Malmerspach. Durch Besuche in dieser bekannten Firma und in vielen Gesprächen mit deren Direktor, Albert Hickel, macht sich Fritz mit der Gesellschaft genau vertraut.

Von 1936 an kaufen sein Bruder und er syste-

Eine hundertjährige Spinnerei

Im Jahre 1844 gründet Jacques Hartmann-Liebach, Industrieller in Thann, eine Kammwollspinnerei in Malmerspach. Der Betrieb wächst schnell. Vier Kämmaschinen, 3 380 Spindeln am Anfang; zehn Jahre später sind es 18 Kämmaschinen und 12 470 Spindeln.

Im Laufe der Jahre paßt sich die Spinnerei, die den Namen «Hartmann-Schmaltzer & Cie» trägt, den Entwicklungen des Marktes an. Der wird oft von internationalen Krisen beeinflußt. So kommt der Spinnerei der amerikanische Sezessionskrieg zugute: Mangels Kattun greift man in Europa auf Wolle zurück. Als das Elsaß nach 1870 deutsch wird, findet die Spinnerei ebenfalls neue Expansionsmöglichkeiten. Ihr damaliger Leiter Jean-Georges Schmaltzer ist übrigens Schweizer (wie später auch Fritz Schlumpf).

Im Jahre 1876 zählt die Spinnerei nahezu 54 000 Spindeln. 1889 produziert sie 1 500 Tonnen Faden.

Neue Expansion nach 1914/18: seit 1904 lautet der Namen des Betriebs auf «Kammwollspinnerei Malmerspach». Nach dem Krieg gehört sie zu den wenigen, die überhaupt den Markt beliefern können, denn in Nordfrankreich sind die meisten Werke zerstört.

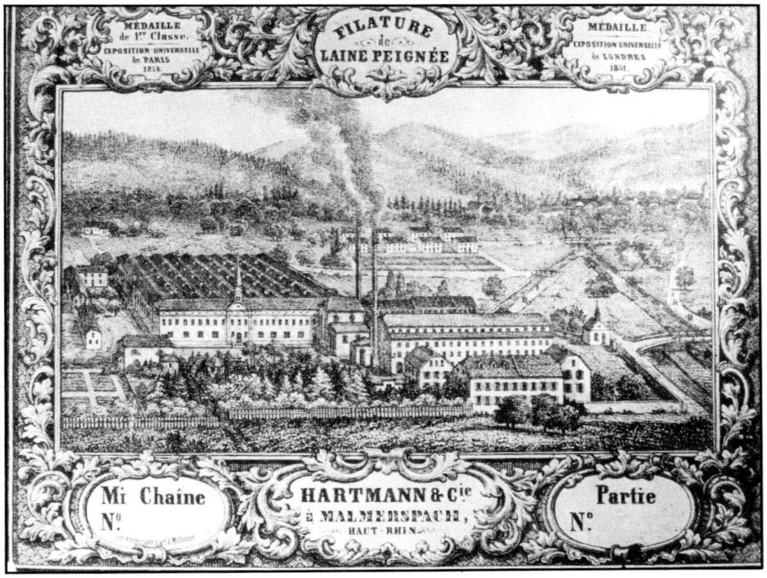

Ein Warenschild des Jahres 1850.

Der Erfolg hält an bis zum Höhepunkt im Jahr 1933. Dann schließen sich die internationalen Märkte nach und nach. Die Weltwirtschaftskrise setzt der Firma schwer zu. 1940, fast ein Jahrhundert nach der Gründung wird Fritz Schlumpf Generaldirektor. Ein neuer Krieg ist ausgebrochen: Uniformen sind damals noch aus Wolltuch.

Jacques Hartmann-Liebach, Gründer der Spinnerei. Sein Porträt schmückte das Büro von Fritz Schlumpf.

«Warum wollen sie denn alles kaufen?», fragt Jeanne Schlumpf in privatem Kreis. «Man kann ja nicht mehr essen als man verträgt...» Aber nichts kann den Heißhunger von Fritz stillen.

Malmerspach und sein Elektrizitätswerk, die ehemalige Spinnerei, Teile des Imperiums.

matisch Aktien der Malmerspacher Firma. Zu billigen Preisen: Zwischen 1926 und 1930 kosteten sie noch 30 000 Franc bei einem Nennwert von 2 500. Nach 1934 ist der Kurs aber auf 850 Franc gefallen. Hans weiß seit seiner Arbeit in der Bank, daß niedrige Kurse nicht immer eine schlechte Anlage bedeuten.

Während er das Kapital Stück für Stück erwirbt, gewinnt Fritz das Vertrauen von Albert Hickel. Diskret zieht er in den Verwaltungsrat ein. *«Ich saß erst am Ende des Tisches»*, erzählt er einmal rückblickend. *«Ein Jahr später hatte ich den Vorsitz»*. Fritz konnte sich mit keinem anderen Platz begnügen.

Das Schicksal hat es gut gemeint mit ihm. Das Schicksal? Inzwischen ist der Zweite Weltkrieg ausgebrochen. Die meisten Leiter der Firma sind Reserveoffiziere und müssen bei Kriegserklärung ins Feld rücken. Auf Anraten von Hickel wenden sie sich also vorsorglich an Schlumpf: Er ist Schweizer und kann, da sein Land neutral bleiben wird, statt ihrer in Malmerspach walten. So wird er stellvertretender Direktor. Aber noch ist man nicht im Krieg, selbst wenn es allzu lange nicht mehr dauern wird. Fritz zeigt bald, wie geschickt er ist. Der Direktor einer Bank von Thann weiß davon zu erzählen:

FRITZ SCHLUMPF
MALMERSPACH
(HAUT-RHIN)

Fritz Schlumpf hat wenig Beziehungen zu den örtlichen Industriellen. Auf diesem Bild trifft er 1968 Leute aus Industrie- und Bankkreisen anläßlich des Abschiedsessens für einen pensionierten Freund.

Jean Deffrenne, Generaldirektor der Weberei Deffrenne von Roubaix, in Begleitung von Fritz Schlumpf, in einem Salonwagen der SBB, der für den Besuch der internationalen Textilmaschinenmesse in Mailand gemietet wurde.

«Er kam zu mir, um Kredite zu beantragen. Ich war erstaunt. Es gab nämlich in diesem Moment keinen Unternehmer, der irgendein Risiko eingehen wollte. Angesichts der Kriegsgefahr, der das Elsaß besonders ausgesetzt war, brachen die Wollpreise zusammen. Fritz erklärte mir, wie er die Lage nutzen wollte: *«Es gibt Tonnen, die jetzt wohlfeil zu haben sind. Leihen sie mir Geld, ich werde es ihnen bald wieder zurückzahlen können. Die Kurse werden nämlich wieder steigen. Entweder es gibt keinen Krieg, dann wird alles wieder normal, also auch die Wollpreise. Oder es wird schlimmer und dann werden die Preise steigen, weil Wolle Mangelware wird».*

Fritz erhält seine Kredite. Nicht so viel wie er wünscht, genug jedoch, um seine Lager zu füllen. Und der Krieg bricht aus.

Der stellvertretende Direktor bleibt allein an der Spitze der Spinnerei, allein mit seinem Bruder, den er zu sich gerufen hat. Bald finden sie Freude an der neuen Stellung und beschließen, die Spinnerei endgültig zu übernehmen. Am 27. März 1940 wird auf ihren Wunsch eine außerordentliche Generalversammlung einberufen, um dem Verwaltungsrat eine Kapitalserhöhung durch 2 000 neue Aktien zu erlauben. 1 838 der 2 000 Aktien werden durch die Brüder erworben. Am 31. Mai 1940 wird die Kapitalerhöhung endgültig bestätigt - mitten im militärischen Zusammenbruch! Und am 18. Juni 1940 rücken deutsche Truppen ins Elsaß ein. Die neuen Herren von Malmerspach sind gleichwohl zufrieden: Wie Fritz prophezeit hatte, kann es einer Wollindustrie im Kriegsfall nicht schlecht ergehen. Kammgarn wird zum strategischen Bedarfsartikel. Die alten Maschinen werden durch neue ersetzt. Der Umsatz ist gut. Das Defizit vergangener Jahre wird ausgeglichen: 47 083,33 Mark Gewinn für die Jahre 1939/40, rund 45 000 Mark in den folgenden. Fritz und Hans reisen problemlos durch Deutschland und Frankreich. Sie wissen ihre Stellung als Bürger eines neutralen Staates zu nutzen. Die Unterstützung des schweizer Konsulates erlaubt es ihnen auch, bei der Befreiung Frankreichs mit einem blauen Auge davonzukommen. Sie bleiben an der Spitze der Spinnerei: denn eine zweite Kapitalserhöhung ermöglicht die Kontrolle nahezu der gesamten Firma. Sie wollen es nicht weiter dulden, irgendeinem anderen Teilhaber über ihre Firmenpolitik Rechenschaft ablegen zu müssen.

Von dieser Zeit an stehen sie hauptsächlich in den gestrengen protestantischen Kreisen von Mülhausen, denen die meisten Industriellen entstammen, im Ruf, wenig von Fairness zu halten.

In den fünfziger Jahren unternehmen die Schlumpfs nichts, um in der Zunft mehr Gnade zu finden, im Gegenteil: Sie benehmen sich, als wären sie die einzigen, die immer Recht haben und werfen den anderen vor, Ware zu billig auf den Markt zu bringen. Als die elsässischen Spinner ein Konsortium bilden, um gemeinsam auswärtige Märkte zu erobern, verweigern die Schlumpfs die Teilnahme. Zum großen Leidwesen des Vorsitzenden des elsässischen Wollsyndikates, Robert E. Vogel, der die Konkurrenzspinnerei von Erstein leitet. Eine Gegnerschaft entsteht daraus zwischen den beiden Männern, die sich so verschärft, daß Fritz schließlich danach trachtet, den «feindlichen» Betrieb in seinen Besitz zu bringen.

Dies gelingt ihm 1956. Die Herren von Malmerspach wenden sich an die Kleinaktionäre und bieten ihnen mehr, als die Papiere wert sind. Natürlich stößt diese Operation, die genau so verläuft, wie es Fritz sich gewünscht hat, auf Kritik. Selbst Jeanne Schlumpf zeigt sich über solche Machtentfaltung entrüstet: *«Warum wollen sie denn alles kaufen»,* vertraut sie einer Hausangestellten an, *«man kann doch nicht mehr essen als man verträgt...»*

Doch solche Volksweisheiten stillen den Heißhunger von Fritz nicht. 1957, kurze Zeit nach dem Tod seiner Mutter, bietet sich eine weitere Gelegenheit: Die Gesellschaft Heilmann-Koechlin-Desaulles in Mülhausen ist in Schwierigkeiten. Die Brüder besitzen bereits 20 % der Aktien. Der Chef von HKC, Maurice Desaulles, ist wie sie Schweizer. Sie bieten ihm an, sein Unternehmen zu kaufen.

Mit 65 Jahren, in einem Alter, da seine Arbeiter in Rente gehen, verwirklicht Fritz seinen Traum: Die gesamte Wollindustrie des Elsaß, diese Krone der Textilindustrie, steht unter seiner Kontrolle.

Am 20. August 1957, nach den Ferien, finden die Arbeiter dieser Firma einen Zettel am schwarzen Brett am Eingang der Fabrik:

«Nun kommt ihr aus den Ferien zurück. Je nach Geschmack habt ihr euch im Freien erholt, vielleicht seid ihr verreist oder auch ganz einfach zu Hause geblieben, um dort etwas Ruhe und Erholung zu finden. Da wir bei HKC eine große Familie bilden, soll euch bei Wiederaufnahme der Arbeit nicht verborgen bleiben, welche Sorgen die Direktion hat. Das Ausbleiben der Bestellungen einiger wichtiger Kunden aus dem Ausland hat uns empfindliche Verluste zugefügt, Verluste die wir nur durch starke äußere Hilfe ausgleichen können.

Diese Hilfe hat uns spontan ein freundlich gesinntes Haus zukommen lassen, die Kammwollspinnerei von Malmerspach. Die Spinnerei von Malmerspach wird seit Jahren durch die Herren Fritz und Hans Schlumpf geleitet, die von heute an ebenfalls die Generaldirektion unserer Gesellschaft innehaben.

Wir werden also unser Modernisierungsprogramm weiterführen und beschleunigen, damit eure Arbeit weniger mühsam wird und unsere Preise auf dem europäischen Markt konkurrenzfähig werden».

Vier Monate nach dem Anschlag dieser Notiz, am Weihnachtstag, erschießt sich der technische Direktor Jean Desaulles. Er fühlte sich zurückgesetzt. Bei der Beerdigung brandmarkt der Pastor *«Geldsucht und Ehrgeiz»* und ruft einen alten Bibelspruch aus: *«Kain, was hast du mit deinem Bruder gemacht?»* Diese traurigen Umstände zeigen auch, daß die Schlumpfs die Erweiterung ihrer Geschäfte verfolgen, koste es was es wolle.

Um diese Zeit herum beginnt Fritz neben der Jagd nach Spinnereien einem anderen Sammlungstrieb nachzugehen. Er besitzt damals erst wenige alte Automobile: Den Bugatti T 35 B, den er 1939 für 11 000 Franc gekauft hat; einen T 52 der selben Marke, 1952 zum Spottpreis von 200 Franc gekauft; einen Mercedes 300 SL, der 1953 als Neuwagen 43 000 Franc gekostet hatte. Im Jahre 1957 kommen vier Fahrzeuge dazu: ein Voisin, ein Zèbre, ein Decauville und ein Piccolo, ein kleiner Zweisitzer, den er aus Deutschland für 20 000 Mark kommen läßt.

Diese neue Sucht nach Automobilen setzt seinen Ambitionen auf industrieller Ebene keinesfalls ein Ende. Er versucht weiterhin, in den Besitz der Spinnerei Glück in Mülhausen zu gelangen. Er wird vierzehn Jahre warten müssen, bevor es so weit sein wird an jenem Junitag des Jahres 1971.

Fritz und Hans Schlumpf sind zäh und beharrlich. Sechsunddreißig Jahre nach Gründung der SAIL kontrollieren sie ein kleines Imperium, dessen Herz in Malmerspach liegt. Mit 65 Jahren, einem Alter, da seine Arbeiter in Rente gehen, ist Fritz endlich so weit: Die gesamte Wollindustrie des Elsaß gehorcht seinen Anweisungen. Der Konzern reicht inzwischen über den regionalen Rahmen hinaus, da er auch in Roubaix eine Weberei, die *«Etablissements Deffrenne»* besitzt. Er hat sich mittlerweile auch diversifiziert: So wurde im Mai 1971 das *«Hôtel du Parc»* in Mülhausen gekauft, jenes Luxushotel, das neben der einstigen Wohnung von Mama Schlumpf und ihren beiden Söhnen lag.

Hotelgewerbe, Spinnereien, Weberei, sogar eine Gesellschaft der *«Champagnes Schlumpf»*, «schlafende» Gesellschaften, die nur für seltsame Wanderungen und Transaktionen von Aktien

dienen: Dies ist Anfangs der 70er Jahre das Imperium der Schlumpfs.

Später wird sich die Justiz dafür interessieren, sie wird die Buchführung der einzelnen Betriebe unter die Lupe nehmen und dabei einige Unterschlagungen in Höhe von schätzungsweise 40 Millionen Franc an den Tag bringen.

Ein Großteil dieser Gelder wird zum Ankauf und zur Restaurierung der alten Fahrzeuge verwendet. Im Laufe der Jahre wächst die Leidenschaft für Oldtimer.

Bisher hat sich nur die Gewerkschaftssektion von Malmerspach mit dem Problem befaßt und sich beunruhigt gezeigt. Wohin wird die Sammlerleidenschaft Fritz Schlumpf führen? Im Jahre 1971 wagt sich aber niemand außerhalb des Betriebes, die Geschäftsführung der Schlumpfs in Zweifel zu ziehen. Der Konzern floriert. Keine Spur einer nahenden Textilkrise am Horizont, geschweige denn in der Wolle.

Als sie jedoch eintritt, wird alles sehr rasch verlaufen, zumal die Schlumpf etwas von ihrem früheren Kampfgeist eingebüßt haben. Als man eigentlich investieren müßte und zwar massiv, um den Sturm zu überleben, zögern sie. Fritz verwendet immer mehr Energie an seinem künftigen Museum und vernachlässigt seine Geschäfte.

Bereits 1973 übersteigen die Verluste die Gewinne in Malmerspach. Von Monat zu Monat verschlechtert sich die Lage. Noch könnte man den Betriebszweig, der am schlechtesten abschneidet, verkaufen. Doch es handelt sich hierbei ausgerechnet um Malmerspach, das Herz des Textilreiches der Schlumpfs. Und dazu können sich die Brüder nicht durchringen. Fritz hofft einmal mehr, daß ihm die Bankiers bei der Überbrückung seiner Schwierigkeiten helfen, wie in den guten alten Zeiten, wo er sie gegeneinander ausspielte, um bessere Zinssätze zu erreichen.

Doch diese Zeiten sind vorbei. Für etliche heißt nun die Lösung «Revanche». Selbstherrlich wie er war, soll Fritz jetzt eben versuchen, allein aus der Klemme zu kommen. Niemand wird ihm helfen. Fritz spürt, daß er diesmal nicht ungeschoren davonkommen wird. Der Druck wird immer größer. Was tun? Nur nicht das Gesicht verlieren. Kommt es zum Sturz, so soll er auch theatralisch erfolgen, mit einem Paukenschlag wie zu Zeiten des Aufstieges.

Im Juni 1976, genau fünf Jahre nach dem Triumph in Sachen Glück treten die Schlumpfs ab und kündigen an, daß sie ihre Fabriken für einen symbolischen Franc jenem anbieten, der sie übernehmen möchte.

Kein Industrieller wagt es, das Angebot anzunehmen. Alle wissen, daß die Wiederankurbelung der Geschäfte viel mehr Geld verschlingen würde als diese paar Centimes, die Hans und sein Bruder fordern, bevor sie von der Szene abtreten. Das Spiel ist aus.

*Eine Brücke führt zum Fabriktor von Malmerspach.
Fritz Schlumpf am Steuer einer alten Luxuslimousine.*

Ihr Wagen gefällt mir...

5 Ihr Wagen gefällt mir...

Im ersten Stock des Verwaltungsgebäudes steht Fritz Schlumpf mit strahlendem Gesicht am Fenster seines Büros. Seine engeren Mitarbeiter können es kaum fassen: Er, der sonst so verschlossen ist, besonders seit dem Tode seiner Mutter wenige Monate zuvor, lacht. Plötzlich steht er stramm, wie ein General, der seine Truppen vorbeiziehen sieht. Aber das Gesicht bleibt heiter wie das eines Kindes vor dem Tannenbaum. Doch es kommt kein Weihnachtsmann. Ein kleiner Schlepper erscheint vor den Fenstern. Er zieht drei Autos, die von den Firmenchauffeuren gesteuert werden. Neue Fahrzeuge? Fritz und Hans brauchen keine: Jeder von ihnen hat einen Mercedes. Nein. In diesem Spätsommer 1957 sind es alte Mühlen, die da ankommen, darunter ein kleiner Zweisitzer anno 1900, Marke Le Zèbre, und eine viersitzige Limousine der Avions Voisin.

Die drei Autos werden in die Lagerhallen bugsiert. Noch ein schneller Blick und die Zeugen wenden sich wieder ihrer Arbeit zu. Einige haben bewundernd gepfiffen. Sie ahnen nicht, daß diese Lieferung nur ein erster Anfang ist. Die Belegschaft freilich wundert sich kaum:

«Ein «Patron» macht mit seinem Geld was er will!»

Und Fritz, das weiß man im Tale, liebt gediegene Mechanik. Schon vor dem Kriege hatte er einen Bugatti T 35 B gekauft. Viele kennen die Nummer auswendig: 3842 PB 5. Nach dem Krieg hat er noch zwei oder drei Oldtimer erworben. Wen interessiert das schon? Oldtimer werden zu Alteisenpreisen verschleudert. Um 1955 herum kauft sich der jüngere der Schlumpfs einen sperrigen Viking, ein britisches Flugzeug, das er zuerst in Malmerspach unterbringt, bevor er es nach Mülhausen in die Spinnerei HKC transportieren läßt.

Bis 1957 betätigt er sich kaum als Sammler. Geraume Zeit bleibt er nur ein Amateur, der einen Ausgleich zu seiner Arbeit sucht, aus Kummer über den Tod seiner Mutter. Nebenbei erlaubt ihm das neue Hobby auch etwas provozierend aufzutreten.

Die «Vorratskammer» in Malmerspach (vorhergehende Seiten).

Fritz liebt gediegene Mechanik. Schon vor dem Krieg kauft er seinen ersten Bugatti, einen «T 35 B». Viele im Tal kennen die Nummer auswendig: 3842 PB 5.

Fritz Schlumpf am Steuer seines T 35 B beim Bergrennen von Goldbach 1951 in den Vogesen. Nun steht der Wagen im Museum neben dem Bild von Jeanne Schlumpf, der hochverehrten Mutter.

Im Sommer 1960 hat die Suche in Südfrankreich Erfolg: Drei Rolls, zwei Hispano, einen Tatra, zehn Bugatti. Insgesamt rund vierzig fahrbereite Oldtimer.

Zu jener Zeit kauft er etwa den Rolls Royce der Witwe eines Fabrikanten aus Nordfrankreich. *«Siehst du»,* sagt er einem Freund, der dabei ist, als der Wagen nach Malmerspach kommt, *«mit diesem Gefährt laß ich mich nach Mülhausen chauffieren. Den dortigen Industriellen wird vor Wut der Kragen platzen!».*

Einige Jahre lang bleiben solche Käufe begrenzt. Von 1960 an aber schaltet Fritz einen höheren Gang ein. Er gewinnt immer mehr Geschmack an der Sache. Die Sammlerfreude wird zur Sucht.

Er wendet immer mehr Energie auf bei seiner Jagd nach «alten Kisten». Er verfügt über ein weites Netz von Informanten, meist Vertreter seiner Wollprodukte, denen er ans Herz legt, bei ihren Reisen auch nach alten Autos Ausschau zu halten. So kommt er in Verbindung mit einem gewissen Herrn Raffaelli in Marseille, einem Mann, der eine Renaultvertretung hat, aber auch einige Bugatti besitzt.

Sommer 1960: Raffaelli ist gerade dabei, einen neuen Renault «Dauphine» zu verkaufen, als ein Mercedes 300 vorfährt. Die Nummer ist eigentümlich: 300 CJ 68. Dieselben Ziffern wie jene des Modells. Das ist kein Zufall, denkt Raffaelli, das ist ein Zeichen für das Wohlwollen der Verwaltung. Ein einflußreicher Mann also.

«Ich heiße Fritz Schlumpf», stellt sich der Fahrer ihm vor.

«Sehr angenehm», antwortet der Kaufmann. «Gedulden Sie sich einen Augenblick, ich habe gerade einen Kunden...»

«Sie haben mich nicht recht verstanden. Ich bin Fritz Schlumpf. Ich bin Fabrikant. Hunderte von Leuten arbeiten für mich und hören zu, sobald ich sie anspreche».

«Das können Sie von mir nicht verlangen», antwortet der Händler mit südlichem Akzent und läßt sich nicht beeindrucken.

Obwohl er sich beleidigt fühlt, wartet Fritz nun. Er will die weite Reise nicht umsonst gemacht haben. Und er weiß sich auch manchmal geduldig zu zeigen. Bald kommt Raffaelli zurück. Er glaubt, der Mann mit dem Mercedes wolle ihm seine elf Bugatti abkaufen. Nein, gar nicht: Der jüngste der Schlumpfs ist nur nach Marseille gefahren, um Rat zu suchen. Wie kann man in dieser Gegend alte Autos auftreiben? Und darauf versteht sich der Marseiller. Mit einem Freund, der ebenfalls Sammler ist, fahren sie eine Woche lang kreuz und quer durch Südfrankreich.

Schlumpf, Chef der Expedition, tritt wieder hochfahrend und arrogant auf, als sie zum ersten Mal miteinander in ein Restaurant gehen. Er bestellt das Essen seiner Reisegefährten, ohne diese überhaupt zu fragen. Sie protestieren und der Geschäftsmann versteht, daß es besser ist, sich von der gemütlichen Seite zu zeigen.

«Von diesen Moment an», erinnert sich Raffaelli, «legte er sogar einen gewissen Humor an den Tag, obwohl er es nicht lassen konnte, sich etwas herablassend zu zeigen. Trotz aller Charakterunterschiede haben wir uns stets gut verstanden. Er war mir gegenüber immer sehr korrekt und hat mir jedesmal hohe Prozente bezahlt, obwohl nichts vereinbart war. Ich habe durch Schlumpf mehr als einmal das Jahressalär eines Garagendirektors verdient...»

Die Bilanz des Sommers 1960 ist sehr positiv: drei Rolls, zwei Hispano-Suiza, einen Tatra, zwei Bugatti T 57. Der eine Wagen von einem Psychiater aus Aix-en-Provence, der andere von einem Marseiller Chirurg. Insgesamt ungefähr vierzig Fahrzeuge, davon zehn Bugatti; fast alle fahrtüch-

In den alten Fabrikhallen von Malmerspach und Mülhausen stehen dicht an dicht Fahrzeuge, die auf Instandsetzung warten oder als Ersatzteillager dienen sollen.

tig, einige davon tadellos. So ein Bugatti T 46 S, 5 Liter:

«Es handelte sich um einen Wagen», erinnert sich Raffaelli, «der seit 1935, als er gekauft worden war, im Hafengelände stand. Damals hätte er nach Saigon verschifft werden sollen. Aber niemand hatte nach ihm verlangt. Und so wechselte er ein Vierteljahrhundert später die Bestimmung: eine feste Bleibe im Elsaß statt in Südostasien».

Im Durchschnitt waren diese Fahrzeuge zu 5 000 Franc pro Stück gekauft worden. Sie wurden mit der Bahn zu den Werken der Brüder Schlumpf befördert.

In den folgenden Jahren bleibt der Händler aus Marseille mit dem Spinnereibesitzer in Verbindung. Er verkauft ihm sogar seine eigenen Bugatti:

«Ich habe da eine außerordentliche Lektion in Sachen Handel gelernt», meint er. «Hätte mich Schlumpf von vornherein um meine Wagen gebeten, so hätte ich ihm niemals die Auskünfte vermittelt, die ich besaß. Mit dem Geld, das er mir bezahlt hätte, wäre ich darangegangen, die schönsten Stücke für mich selbst zu kaufen. Ich verfügte ja nicht über die notwendigen Mittel. Und so akzeptierte ich, ihm alle Fahrzeuge, die ich in unserer Region kannte, zu zeigen. Fritz hatte Argumente, die ich keineswegs ins Felde führen konnte: Er war bereit, zehnmal mehr zu bieten als ich es selbst getan hätte. Man rollte uns dort den roten Teppich vor die Füße, wo ich wenige Wochen früher ganz einfach davongejagt worden war».

Ob bei Wagen, die respektlos umgebaut worden und irgendwo auf freier Flur abgestellt worden waren, oder bei sorgsam gepflegten Fahrzeugen aus ererbtem Familienbesitz, die Geld-

Dieser Rippert, bereits 1960 erworben, fand seinen endgültigen Platz erst viele Jahre später im Museum. Fahrgestell und Karosserie werden zur besseren Veranschaulichung einzeln präsentiert.

Vorher, nachher: Von der Bahn ins Museum. Dieser tschechische Tatra wurde in Südfrankreich gekauft.

scheine von Fritz wirkten immer Wunder. Einige Autowracks wurden nur gekauft, um irgend ein Stück davon zu verwenden, einen Sitz oder ein Motorenteil.

Aber die Riviera ist nicht der einzige Jagdgrund des von der Leidenschaft gepackten Sammlers. Unter sich sprechen die Leute nicht von Schlumpf, sondern vom «Hai», ein Spitzname, den er seiner Handschrift zu verdanken hat. Sein Namen auf den Briefen ist hastig hingeworfen, voller Zacken, wie die Zähne im Rachen eines Hais.

In einem knappen Zeitraum nach 1960 genießt der Herr und Gebieter von Malmerspach einen großen Ruf in Sammlerkreisen. Unter den Dächern seiner Fabriken verbirgt er eine steigende Anzahl von Vehikeln. Manche Modelle besitzt er gleich in mehreren Exemplaren. Nur schwer trennt er sich, in der Hoffnung mit dem Erlös andere Ankäufe zu finanzieren, von einem der acht De Dion-Bouton, die er besitzt. Er verkauft ihn an seinen Landsmann Filipinetti, aus Genf, der ihm dafür 20 000 französische Franc bezahlt. Fritz verkauft nur selten. Kaufen aber tut er immer. Amerikanische Modelle mag er nicht und beschränkt sich auf bedeutende europäische Marken: Hispano, Serpollet, Delage, Bentley...

Manchmal setzt er sich mit Konstrukteuren in Verbindung. So erhält er von Gordini zehn Wagen auf einen Schlag. Ferrari verkauft ihm einen «Monoposto» für fünf Millionen Lire. Seine Verbindungen zu Mercedes erlauben es ihm, mehrere Fahrzeuge mit dem Dreizackstern zu erwerben. Rennfahrer werden ebenfalls angesprochen: Jo Siffert verkauft drei Lotus für 10 000, 14 000 und 16 000 schweizer Franken.

Andere Stücke werden jedoch viel billiger erworben. Für nur 500 Franc, und manchmal sogar für sehr viel weniger.

Alles interessiert Fritz, aber bevorzugt werden Bugatti. In seinen Augen sind es unübertreffbare Meisterstücke der Technik und Ästhetik. Die Bugatti, die ihn in seiner Jugend so beeindruckten, sind das Herzstück der Sammlung. Nichts

Hugh Conway (links), der britische Bugatti-Experte.

macht seinen Helfern mehr Freude, als einen oder zwei Bugatti auftreiben zu können. Aber Fritz begnügt sich nicht mit Zufallstreffern. Binnen eines Jahres gelingen ihm gleich drei außergewöhnliche Fänge.

Der erste 1962. Hugh Conway, Vorsitzender der *«Bugatti-owners»,* der harte Kern der «Sekte» der Bugatti-Anbeter, veröffentlicht ein *«Register»* aller bekannten Besitzer der Marke. Prompt schickt Fritz jedem von ihnen ein Kaufangebot. Diejenigen, die mehrere Fahrzeuge besitzen, erhalten denselben Brief mehrmals.

Diese Rundbrief-Aktion, – das Wort «Mailing» war damals noch nicht geläufig – war ertragreich. Sofern Conway schätzen kann, wurden durch sie etwa fünfzig Bugatti erworben, zu Preisen weit unter dem späteren Wert. So wurde für eine «T 57 S», Karosserie Van den Plas, 12 000 Franc bezahlt, fünf bis sechsmal weniger als zwanzig Jahre später. Bei anderen Typen war das Verhältnis sogar eins zu zehn oder zu fünfzehn.

Erster im Kreis der Bugattibesitzer zu sein, das Ziel war erreicht. Aber für Fritz sollte es noch besser kommen.

Die Privatsammlung des reichen Amerikaners John Shakespeare steht zum Verkauf: rund dreißig Bugatti. Fritz bietet 70 000 Dollar.

Im Frühjahr 1963 winkte das große Los. Die Fahrzeuge, die noch im Besitz der Familie Bugatti und des Werkes Bugatti waren, werden verkauft. Das Werk hatte seinen 1947 verstorbenen Schöpfer zwar überlebt, war aber nicht mehr zur Blüte der Vorkriegsjahre gelangt. Also wurde der ganze Betrieb 1962 von Hispano-Suiza übernommen, eine Firma, die Flugzeugmotoren und Automobile gebaut hatte und immer noch im Flugzeuggeschäft war. Aber Hispano-Suiza brauchte Platz und wollte das alte Material loswerden. Im Einvernehmen mit den Erben kommen Fahrzeuge, Prototypen, Motoren und Einzelteile zum Verkauf; Auch der persönliche Wagenpark der Familie, Autos, die im Schloß Ermenonville und zuletzt in Le Vesinet gestanden hatten.

Fritz ist der meistbietende. Er erwirbt für 120 000Franc vor allem das Paket, in dem sich der *«Coupé Napoléon»,* einer der sechs *«Royale»* befindet.

Achtzehn Bugatti mehr. Genügt es? Fritz gibt sich damit nicht zufrieden. Wenige Wochen später bietet sich eine neue, unverhoffte Gelegenheit, die sich der Sammler von Malmerspach nicht entgehen läßt. Hugh Conway erinnert sich:

«Ein amerikanischer Sammler aus Saint-Louis im Bundesstaat Missouri, Mister John Shakespeare, informierte mich, daß er seine Privatsammlung, hauptsächlich Bugatti, rund dreißig Stück, auf den Markt bringen wollte. Zu 105 000 Dollar. Liebhaber, die so etwas *«en bloc»* erwerben konnten, waren nicht gerade Legion. Also übermittelte ich das Angebot telegraphisch an Fritz Schlumpf. Er beauftragte mich, sofort in den Staa-

Ein Zug mit geschlossenen Auto-Frontladern wird in das Werksgelände von Malmerspach gefahren.

ten einen Experten zu finden, der die Fahrzeuge beurteilen konnte. Dieser Mann, Robert Shaw, gab ein detailliertes Gutachten ab. Mister Schlumpf bot dem amerikanischen Sammler 70 000 Dollar. Beide verhandelten direkt miteinander».

In Wirklichkeit wird sich der Betrag auf 80 oder 90 000 Dollar belaufen haben. Also hat Fritz für weniger als 500 000 Franc weitere dreißig Bugatti erworben, darunter eine zweite *«Royale»,* die Park-Ward Limousine, mehr als 2,5 Tonnen schwer und über 6 Meter lang.

Der Herr von Malmerspach hat das Gefühl, ein gutes Geschäft gemacht zu haben. Er weiß es zu schätzen und bedankt sich bei Conway. Von Geld kann zwischen Gentlemen keine Rede sein.

«Ich erhielt», kommentiert Conway, «fünfundzwanzig Flaschen Champagner, Marke Schlumpf. Nicht einmal eine ganze Flasche pro Wagen», bemerkt er ironisch.

Eingeschifft werden die Fahrzeuge Anfang April 1964 in New Orleans. Von Le Havre aus gelangen sie in geschlossenen Güterwagen wieder auf elsäßischen Boden, wo sie entstanden sind. Der geheimnisvolle Zug fährt in das Fabrikgelände von Malmerspach, das Bahntor schließt sich hinter ihm. Es scheint, als hätte der französische Zoll dem Antrag von Fritz Schlumpf, die Bugatti als Kulturgut steuerfrei einführen zu dürfen, nicht stattgeben.

Nun stehen sie in guter Gesellschaft in den Lagerhallen. Die Sammlung umfaßt 400 Stück im Jahr 1961, 500 im Jahr 1966. 1967 zählt ein Experte allein 105 Bugatti.

Es gibt auch andere Käufe, Rolls-Royce etwa, darunter jener der Charlie Chaplin gehörte. Es gibt auch Stücke, die augenscheinlich mit Automobilen nichts zu tun haben: Orgeln, Ofenplatten, Armbrüste, usw. Das alles folgt einer eigenen Logik, eben der von Fritz Schlumpf. So kauft er den Postschlitten, der von Wildhaus nach Sankt Johann in der Schweiz fuhr. Das hat mit Autogeschichte nichts zu tun. Sankt Johann ist ganz einfach der Geburtsort des Vaters.

Ettore Bugatti

Fritz Schlumpf

Bugatti: Eine ruhmreiche Künstlerfamilie. Der Vater Carlo ist Innenarchitekt. Rembrandt und Ettore, die Söhne, werden als Meister betrachtet, jeder in seinem Fach: Der erste in der Bildhauerei, der zweite im Automobilbau. Das Werk Ettores schlägt Fritz Schlumpf völlig in seinen Bann. Am liebsten würde er es ganz besitzen.

Zufall: Das Leben der beiden Männer weist Gemeinsamkeiten auf. Der Vornamen ihrer Väter, aber auch ihr Geburtsland: Italien. Der Altersunterschied beträgt zwar zweiundzwanzig Jahren, aber die Geburtsorte sind weniger als hundert Kilometer voneinander entfernt. Der erste in Mailand, der zweite in Omegna am Ortasee.

Hundert Kilometer: das ist ungefähr auch die Entfernung zwischen Malmerspach und Molsheim. Bugatti hat sich hier 1907 niedergelassen, gerade als Federico, nun Fritz genannt, von Italien nach Mülhausen kommt, wo fortan seine Eltern leben werden. Als Jüngling, träumt er, wie viele andere junge Leute seiner Zeit davon, einmal einen Bugatti zu besitzen. Die Marke hat eben ihren großen Sieg in Le Mans errungen, mit dem *«Grand Prix des Voiturettes»* 1920. Der Traum wird etwas später Wirklichkeit, als Fritz tatsächlich einen «35 B»

Ettore Bugatti und Fritz Schlumpf: Zwei Schicksale, die sich kreuzen.

erwirbt. Dies erlaubt ihm, mit dem Autohersteller in Molsheim direkt in Verbindung zu treten.

Die Erzeugnisse Ettores begeistern den jungen Schlumpf, aber auch sein Betragen als «Patron», als Meister, Herr und Unternehmer. Obwohl ihre Methoden verschieden sind, haben sie beide einen bestimmten Begriff von Unternehmertum. Das Personal wird als fester Bestandteil des «Clan», der Werksfamilie, betrachtet – unter der Bedingung, immer auf den «Vater» zu hören. Wird diese Regel verletzt, hat der Chef das Gefühl, vor einem Hochverrat zu stehen. So ergeht es Ettore zur Zeit der Volksfront in Frankreich.

In einem Buch, das sie über ihren Vater und dessen Werk geschrieben hat, beschreibt «Ebe» (der Vorname von Bugattis Tochter, aus den Anfangsbuchstaben des Namens Ettore Bugatti, E.B., zusammengestellt) die Ereignisse von 1936 so:

«Die große Welle der Streiks rollte und erfaßte einen Betrieb nach dem anderen. Daß diese auch Molsheim erreichen könnte, wollte Bugatti nicht einsehen. «Ich bin ruhig», sagte er, «meine Arbeiter kennen mich, sie gehören zur Familie». Das Unmögliche geschah dennoch: Die Arbeit wurde niedergelegt, es gab rote Fahnen, Demonstrationen, feindselige Rufe, Besetzung der Werkstätten. Schlimmer Schock für alle. Blitz aus heiterem Himmel. Entsetzen in der kleinen Bugattiwelt. Das Herz voller Bitterkeit, im Innersten verletzt, schied der Patron mit dem Gefühl, einer unversöhnlichen Beleidigung und Undankbarkeit ausgesetzt gewesen zu sein.»

Nahezu vierzig Jahre später verhielten sich die Gebrüder Schlumpf ebenso. Nach der «Revolte» 1971 in der Firma Glück setzen sie nie wieder einen Fuß in das Mülhauser Werk. Sie verließen das Schiff, weil die Schiffsjungen die Autorität des Kapitäns angezweifelt hatten.

Doch weiter reichen die Vergleiche Schlumpf-Bugatti nicht. Trotz seines hohen Rufes ist der Kammwollkonzern kaum mit dem Prestige des Molsheimer Autobetriebes vergleichbar. Auch sind das Talent und das menschliche Format von Fritz kaum den Eigenschaften Ettores gegenüberzustellen. Und doch wurde letzterer zum Vorbild für den Herrn von Malmerspach.

Nach dem Kriege ist Molsheim nicht in der Lage, den Bau von Neuwagen so rasch wie erhofft wiederaufzunehmen. Für die Kundschaft wird zuerst eine Reparaturwerkstatt eingerichtet. Man schreibt das Jahr 1947.

Die Kühlerfigur der «Royale»

Diese Figur ist ein Kunstwerk. Sie wurde vom Bruder des Automobilbauers Bugatti geschaffen: Rembrandt Bugatti war ein begabter Bildhauer, bekannt für seine Tierskulpturen.

Ursprünglich hatte er eine Bronzefigur nach einem Elefanten des Antwerpener Zoos geformt. Das Werk wurde leicht verändert, um dem Kühler der «Royale» besser angepaßt zu werden.

Fritz Schlumpf schätzte das kleine Kunstwerk hoch und bewahrte es in seiner Villa in Malmerspach, wo es nach der Flucht der Brüder nach Basel gefunden wurde. Heute befindet sich der kleine Elefant im Safe einer Bank. Er wiegt 850 Gramm, ist aus versilberter Bronze und 19 Zentimeter hoch.

«Am Montag morgen, als wir die Arbeit aufnahmen, war der erste Kunde Fritz Schlumpf», erinnert sich Robert Stoehr, der von 1921 bis 1968 bei Bugatti Mechaniker war.

Nach Auskunft Stoehrs besaß Fritz damals mehrere Fahrzeuge der Marke: den «T 35 B», aber ebenfalls einen «T 57 SC» und einen «T 57»:

«Er ließ sie zwei- bis dreimal im Jahre überprüfen».

Ettore Bugatti stirbt am 23. August 1947. Schlumpf bleibt mit der Familie in Verbindung. Ja, es werden sogar freundschaftliche Banden geknüpft.

Als das Molsheimer Werk 1963 verkauft wird, geht die Marke in den Besitz von Hispano-Suiza über. Schlumpf kauft bei dieser Gelegenheit die noch vorhandenen Fahrzeuge. Sie stammen aus dem persönlichen Besitz von Ettore Bugatti.

Der Vertrag wird am 11. April 1963 unterzeichnet. Zwischen den Bugattiwerken und Fritz Schlumpf geht es dabei nicht nur um den Verkauf von achtzehn Fahrzeugen, vier Chassis mit Motoren, acht Motoren, zwei Dampfmotoren und verschiedenem Zubehör, sondern auch um «Überholung, Reparatur und Instandsetzung der Wagen und Motoren». Diese Klausel bezieht sich sowohl auf die eben erworbenen Fahrzeuge als auch auf die anderen Bugatti, die Schlumpf schon besitzt.

Fritz legt nämlich großen Wert darauf, daß diese Autos von den alten Mitarbeitern Ettores, die noch in Molsheim arbeiten, behandelt werden.

Zwei Bugatti (T 251 und - halbverdeckt - ein 4,7 Liter-Typ, beide Monoposto) bei der Instandsetzung im Ursprungswerk in Molsheim (oben).

Auch der T 101 der im Autosalon 1951 in Paris für drei Millionen damalige Franc ausgeschrieben war (ein 2 CV - Citroën kostete damals 270 000 Franc) wurde an seiner Geburtsstätte ausgebessert, bevor er nach Mülhausen kam.

Ein Spezialatelier wird eingerichtet mit acht hochqualifizierten Autoschlossern. Fritz kommt einmal in der Woche, um sich über den Stand der Arbeiten zu informieren und zu beschließen, welche Wagen von Malmerspach nach Molsheim transportiert werden sollen, um an ihrer «Geburtsstätte» überholt zu werden. Er will alles sehen und fordert, daß selbst leicht beschädigte Teile ausgewechselt werden. Die «Alten» von Bugatti verstehen sich ganz gut mit diesem Kunden, der hohe Anforderungen stellt, aber im Grunde genommen genau wie sie vom hohen technischen Stand der von Ettore entworfenen Autos begeistert ist. So kommt es, daß sie eines Tages ein Fremdteil in ihren Arbeitsplan aufnehmen: ein Chassis, das nicht in Molsheim gebaut wurde, sondern in Belfort. Mit Hilfe von Jean Julou, der in Malmerspach an der Restauration alter Fahrzeuge arbeitete, hatte Fritz dieses Stück bei der Firma Alsthom bauen lassen. Zu Stoehr sagt er ohne Umschweife:

«Ich will wieder eine *«Royale»* bauen».

Der Werkstattsleiter ist verblüfft. Nach kurzer Überlegung kommt er aber zum Schluß, daß es sich um einen begeisternden Auftrag handeln kann: Vom Typ *«Royale»* wurden nur sechs Stück gebaut, Umbauten nicht mitgerechnet. Das gewählte Modell ist der Typ 41 111, die zweite *«Royale»*, die in Molsheim hergestellt wurde und die erste, die für einen Privat-Kunden bestimmt war, für den berühmten Kleiderfabrikanten Esders. 1929 hatte er einen Zweisitzer ohne Scheinwerfer bestellt, der schnittigeren Form wegen und *«Weil ich ja nie nachts fahre»,* wie der «König der Herrenmode» hinzufügte.

Später verkaufte er sein schönes Kabrio. Der neue Besitzer ließ es bei Binder zum *«Coupé de Ville»* umbauen. Auch dieser *«Royale»* hätte Fritz gern ins Elsaß zurückgeholt. Sie kam aber in die Sammlung Harrah in Reno in den Vereinigten Staaten. Der Amerikaner wollte sich nicht davon trennen. Daher der Gedanke, ihn in seiner ursprunglichen Form nachzubauen.

Stoehr und seine Männer machten sich an die Arbeit. Ihr Kunde besitzt mehrere Hauptteile: einen Motor (alle von Bugatti entworfene Schienenbusse besaßen Royale-Motoren), vor allem aber die Vorder- und Hinterachsen. Den Rest nachzubauen, ist für die Werkleute von Molsheim ein Kinderspiel. Aber die Direktion ist damit nicht einverstanden. Es sei ein Machwerk, behauptet sie und bittet Schlumpf, das Chassis nach Malmerspach zurückzubringen. Sie beharrt auf dem geschlossenen Vertrag:

«Im Werk dürfen nur Reparaturen an Originalfahrzeugen ausgeführt werden».

Die Beziehungen verschlechtern sich zusehends. Sie werden zum offenen Konflikt, als Fritz die ausgeführten Arbeiten beanstandet. Etliche Teile seien schlecht vernickelt worden. Das glänzende Metall blättere ab. Der Sammler zögert nicht: Er strengt gegen Bugatti einen Prozess an. Der wird mehrere Jahre dauern. Die Gesellschaft reicht ihrerseits Klage ein.

Am 1. März 1967 fordet Bugatti die Begleichung einer Rechnung von insgesamt 2 161 630,28 Franc, des restlichen Schuldbetrags von 196 630,28 Franc sowie 500 000 Franc Schadenersatz. Schlumpf antwortet, indem er den Ersatz der fehlerhaften Vernickelungen verlangt, die Fertigstellung der in Molsheim abgestellten Wagen und Schadenersatz in Höhe von... vier Millionen Franc.

Das Berufungsgericht von Colmar verurteilt Schlumpf zur Zahlung der 196 630,28 Franc an Bugatti. Aber die Firma wird ihrerseits an Fritz 180 000 Franc zahlen müssen sowie 60 000 Franc Schadenersatz.

Das Verhältnis endet also schlecht. Warum? Die Verantwortlichen der Firma geben eine Erklärung ab, die der Gerichtshof von Colmar aufgreifen wird: *«Die Anfeindung der Schlumpfs hat ihre Ursache im Umstand, daß der Sohn Bugatti ihnen weder die Marke noch das Werk verkaufen wollte und auch darin, daß das Werk sich im April 1966 weigerte, falsche «Royale» zu bauen.»*

Mit einigen Jahren Verspätung wurde somit das Gerücht bestätigt, daß Fritz 1963 tatsächlich die Molsheimer Gesellschaft hatte erwerben wollen, um in den Besitz des Markennamens Bugatti zu gelangen. Dieses Ziel hatte er nicht erreicht.

Was geschah mit dem Projekt «Esders» in der Folge? Fritz bot Stoehr und anderen Arbeitern an, das Projekt in seinen eigenen Werkstätten auszuführen. Sie lehnten aber dieses Angebot ab.

Trotzdem gibt sich Fritz nicht geschlage: Er nimmt mehrere Jahre später diese Arbeit mit seinem eigenen Personal auf.

Wie schon gesagt, Frankreich war nicht das einzige Jagdrevier. Neuerwerbungen kommen aus England und den Vereinigten Staaten, aber auch aus Italien, Österreich oder der Schweiz. Die Landsleute von Fritz sind gute Zulieferer. Durch Vermittlung eines Herrn Eckert kommt der Sammler in Verbindung mit dem Zürcher Minoretti, Eigentümer eines Alfa Romeo Grand Sport 1750 ccm. Eine Spritztour in die Alpen, eine kurze Besprechung über den Preis (der von 30 000 auf 20 000 Schweizer Franken herunter gehandelt wird) und das Geschäft ist perfekt. Dem Verkäufer fällt es zu, den Wagen ins Elsaß zu überführen.

Als er am Zoll ankommt, stimmt etwas nicht mit den Papieren: Von Import kann keine Rede sein, sagen die französischen Zöllner, da irgendein Schriftstück fehle.

«Es genügte jedoch, nach Malmerspach zu telefonieren, damit alles binnen einer Viertelstunde geregelt wurde», erinnert sich Minoretti.

Einige Jahre später trauert derselbe seinem schönen knallroten Roadster nach und will einen anderen in einer schweizer Garage kaufen, doch der Preis ist inzwischen auf 150 000 Schweizer Franken gestiegen, siebenmal so viel, wie Schlumpf dafür 1962 ausgegeben hat...

Fritz macht also gute Geschäfte. Doch bleibt der gesamte Anschaffungspreis sehr hoch: Nahezu zwei Millionen Franc allein für die Bugatti. Einem Experten zufolge, beläuft sich die gesamte Anschaffung auf sieben Millionen Franc zur Zeit der Zusammenstellung des Ensemble. Dazu kommen rund fünf Millionen Franc für die Restaurierung, vierzehn Millionen für die Einrichtung des Museums: Insgesamt sechsundzwanzig Millionen! Davon wurde ein großer Teil durch die Gesellschaften der Gebrüder Schlumpf finanziert. Der Bestand umfaßt etwa 560 Fahrzeuge, die entweder schon oder noch nicht instandgesetzt sind, andere Exponate nicht miteingerechnet.

Das alles bleibt sorgsam versteckt. Manchmal fahren die vorherigen Besitzer in Malmerspach vor, in der Hoffnung, daß man ihnen den Zutritt

Prestige und Kraft

In Kreisen der «Bugattisten» schätzt man die Massenkäufe der Schlumpfs nicht. Im englischen Prescott organisieren sie 1963 eine Protestaktion.

zu ihrer alten Liebe erlauben würde. Sie wenden sich an den Pförtner. Die Antwort ist stets die selbe: *«Es geht nicht»*. Und manchmal kommt es ungehobelter: *«Der Herr läßt sagen, daß er nicht da ist»*.

Auch wenn der Chef einen Besucher einläßt, ist der Empfang nicht unbedingt höflicher. Auf einer Reise ins Elsaß kommt der holländische Rennfahrer Sontrop nach Malmerspach und will einen Rolls-Royce zum Verkauf anbieten. Fritz fragt grußlos kurzum, wieviel der Wagen koste.

«Das machte mich wütend und ich ging unverrichteter Dinge weg», sagt Sontrop, der seinen Rolls, aber auch einen starken Widerwillen gegen den barschen Mann, behalten hat.

So einsam wie er im Milieu der Industriellen dasteht, so isoliert ist auch Schlumpf unter den Sammlern. Besonders bei den «Bugattisten» ist er höchst umstritten. Die einen, wie der Vorsitzende des französischen Verbandes von Oldtimerclubs, Laporte, bewundern ihn und rechnen es ihm hoch an, daß Fahrzeuge erhalten blieben, die ohne sein Eingreifen wohl verschwunden wären. Andere wiederum werfen ihm manchmal aus Eifersucht vor, die Preise in wenigen Jahren hochgetrieben zu haben. Von dritter Seite kommt ein ganz anderer Vorwurf: Diese Leute behaupten, daß auch alte Fahrzeuge zum Fahren da sind und nicht, um fern des Publikums aufgestockt zu werden. Viele der Bugatti-Fans sind dieser Meinung und zeigen das anläßlich eines Bergrennens im englischen Prescott.

Man schreibt das Jahr 1963 kurz nach dem Rundschreiben an die Leute des Registers. In dieser kleinen Welt vornehmer Eleganz ist es noch nie zu einem solchen Ausbruch gekommen: Die *«Bugatti-owners»* ziehen mit Anti-Schlumpf-Schildern umher wie ganz gewöhnliche Straßendemonstranten.

Fritz zeigt seine Reichtümer nur ganz wenigen Privilegierten. In Mülhausen weiß die Öffentlichkeit kaum etwas davon vor Erscheinen einer Reportage von Roland Fischer in der Tageszeitung *«L'Alsace»* am 8. Mai 1965 Der Journalist hatte

Im Lager der Bugattiprotestler.

den Besuch von Prominenten der Automobilwelt in Mülhausen und Malmerspach verfolgt. Er schreibt: *«Die Besucher, die wir hier getroffen haben, sind Prinz Bertil von Schweden, Prinz Louis Napoleon, Prinz von Metternich, Graf von Villapadierna aus Madrid, Maurice Baumgartner, Vorsitzender der internationalen Sportkommission, Louis Chiron und Emmanuel von Graffenried, berühmte Rennfahrer, sowie A. Keser, ehemaliger Rennleiter der Daimler-Benz A.G. Seine Hoheit Prinz Rainier von Monaco wurde ebenfalls erwartet, mußte aber seine Reise verschieben und wird ein andermal die Sammlung besuchen»*.

Bugatti T 32, der den «Grand Prix» von Tours 1923 fuhr. Man nannte diesen Typ seiner Form wegen «Tank». Dahinter eine Reihe T 35 und 37.

Im Vordergrund, eine Reihe von Amilcar - Renner für den kleinen Mann der 30er Jahre.

Genauso fasziniert wie die anderen Gäste von Fritz und Hans Schlumpf, verfaßt der Journalist zwei ausführliche Artikel über den fürstlichen Besuch; aber die Zeitung muß sich verpflichten, die entsprechenden Bilder keiner weiteren Verwendung zuzuführen.

Als er 1965 diese Reportage zuließ, hatte Fritz eine bestimmte Absicht. Er rächt sich so am lokalen Großbürgertum, das ihn und seinen Bruder seit dem Beginn ihres Aufstiegs links liegen ließ. Wenn ihn der Mülhauser Wirtschaftskreis nicht akzeptiert hat, so will er es lieber mit dem internationalen Gotha halten, wo man seiner Sammlung volle Anerkennung zollt.

Doch ist um diese Zeit das Museum noch nicht fertig. Wenn auch die Sammlung nahezu ihren vollen Bestand erreicht hat, so bleibt noch viel zu tun, besonders bei der Instandsetzung vieler Fahrzeuge und bei der Schaffung des angemessenen Rahmens. Und besonders mit Hinblick auf die liebe, nicht vergessene Mutter.

Blick auf den 7,7 Liter-Motor des «Großen Mercedes».

Hier haben sich die großen Maßschneider des Karosseriebaus verewigt: Köng (Schweiz), Park Ward (Grossbritannien), Saoutchik und Bugatti (Frankreich).

Der Wagen, den Fritz nie bekam

Mehrere Jahre lang versuchte Fritz einen Schrotthändler im südfranzösischen Brignoles, Escudier, dazu zubewegen, ihm seinen «T 35 B» zu verkaufen. Briefe, wiederholte Angebote *(«So viel sie wollen: Ich nehme ihren Preis von vornherein an»,* sagte der Sammler), ja Hausbesuche *(«Einmal kam er mit Kaviar»),* elsässer Wein zu Weihnachten, ein Stellenangebot für den Neffen des Bugattibesitzers, Einladungen nach Malmerspach: der jüngste Schlumpf blieb beharrlich.

Doch leider wollte Escudier keineswegs auf seinen Bugatti verzichten.

«Es war mein Vater, ein alter Autoschlosser, der mir 1954 geraten hatte, ihn zu kaufen», erklärt er. «Ich wollte ihn also behalten».

Aber insgeheim fragt er sich, warum es Fritz ausgerechnet auf diesen «35 B» abgesehen hat. Ein Sammler, der in Brignoles vorbeikommt, weiß um des Rätsels Lösung: Dieser Wagen war 1929 durch den Briten Williams gefahren worden und hatte den ersten Grand Prix von Monaco gewonnen. Der beste Beweis dafür: die untere Farbschicht war grün, die englische Farbe, und nicht *«Bleu de France»* wie bei

H. Escudier und sein Sohn.

den meisten Bugatti. Jedes Land hatte damals seine eigene Farbe im Rennen.

Fritz hatte natürlich Escudier nichts davon verraten. 1965 hören seine Beziehungen zum Alteisenhändler auf: Derselbe hatte den Wagen für eine Parade der ehemaligen Sieger des Grand Prix in Monaco verliehen. Fritz hatte sich geweigert, daran teilzunehmen, und konnte es offenbar nicht ertragen, daß Escudier sich anders als er entschieden hatte.

So viele «Zèbre» auf einmal...

Ein märchenhaftes Museum

6 Ein märchenhaftes Museum

Kein Automuseum besitzt so viele «Bébé» Peugeot (vorhergehende Seite). Dies war das kleinste von Peugeot gebaute Modell vor 1914. Das Fahrzeug war von Ettore Bugatti in Molsheim entworfen worden. Der Prototyp befindet sich übrigens ebenfalls im Museum und steht neben den seltensten «Bugatti» wie etwa der «Roland Garros» mit 5 Liter-Motor.

«Est ist schade, Ihren Wagen in einem Schuppen untergestellt zu wissen, wo er doch so vorzüglich in meinem Museum stehen würde» schreibt Fritz Schlumpf einem Bugatti-Besitzer am 28. Juli 1961. Dieser Brief zeigt, daß von den ersten Großeinkäufen alter Autos an die Absicht bestand, die Sammlung einmal dem Publikum zugänglich zu machen. Dieser Grundstock wird anfangs in Malmerspach und im HKC-Gebäude in Mülhausen untergebracht.

Das Modernisierungsprogramm von HKC, beim Kauf dieses Werkes versprochen, kommt nicht zustande. Bereits 1962 werden die Wasch- und Kämmanlagen aufgegeben; die gesamte Wollindustrie hatte darauf gedrängt und dafür nicht unbedeutende Subventionen gewährt. Nun ist der Weg frei, um die Räume, wo bisher Rohwolle aufbereitet wurde, in Werkstätten zur Überholung der alten Fahrzeuge umzuwandeln.

Bald wird auch der Personalbestand der neuen Betriebsentwicklung angepaßt: Das Wartungspersonal ist weit zahlreicher, als dies für einen normalen Textilbetrieb erforderlich wäre.

Am 28. Oktober 1964 zählt man neun Autoschlosser, sieben Gehilfe, zwei Sattler, zwei Blechschmiede, einen Schmiedegesellen und fünf Maler. Ihre Aufgabe? Selbstverständlich die Instandsetzung alter Autos. Vorübergehend werden auch anderen Arbeitern in Malmerspach und in Erstein ähnliche Aufträge erteilt.

Ende Februar 1965 ist es soweit: Angesichts der Krise der französischen Textilindustrie, die besonders in der Wollbranche spürbar ist, beschließt der Schlumpfkonzern, HKC stillzulegen.

Der größte Teil der Belegschaft (300 Arbeiter, 50 Angestellte) wird entlassen; nahezu alle Frauen verlieren ihre Stelle. Aber die Reparaturabteilung wird beibehalten. Praktisch bedeutungslos, besteht die Firma doch juristisch weiter. Rechtlich gesehen dient sie als Fassade für den Geschäftsverkehr zwischen den weiterproduzierenden Betrieben; in Wirklichkeit aber beherbergt sie die Werkstätten, in denen die Fahrzeuge ausgebessert werden. Bald nimmt diese Arbeit einen beträchtlichen Umfang ein.

Neun Autoschlosser, sieben Gehilfe, zwei Sattler, zwei Blechschmiede, ein Schmiedegeselle, fünf Maler: Fritz spart nicht an Spezialisten, wenn es um Reparatur und Unterhalt seiner Wagen geht.

Die Instandsetzung eines Wagens folgt stets demselben Rhythmus. Die Werkstätten - Mechanik, Malerei, usw.-, in denen bis zu 40 Personen arbeiten, sind auf die ausgedehnten Fabrikhallen verteilt. Ihre erste Aufgabe besteht darin, die Autos vollständig auseinanderzunehmen. Dann werden alle Teile mit einem Sandstrahlgebläse entrostet und die Chassis mit einer Korrosionsschutzfarbe versehen. Wenn es sein muß, werden fehlende Teil beschafft. Gelingt es dem Chef, trotz seiner weit verzweigten Beziehungen nicht, die Teile bei einem Althändler oder einem Konstrukteur aufzutreiben, so werden sie kurzerhand an Ort und Stelle nachgebaut.

Eine wichtige Phase ist anschließend die Überholung und Einstellung der Motoren, damit alles wieder tadellos funktioniert. Denn oberste Bedingung ist es, nur fahrtüchtige Autos in die Sammlung aufzunehmen. Der letzte Schliff erfolgt in der ehemaligen Wollwäscherei, einer weiten, von dünnen Guß-Säulen getragenen Halle. Hier kann gleichzeitig an der Vollendung mehrerer Fahrzeuge gearbeitet werden. Dies ist Aufgabe der qualifiziertesten Arbeiter; jeder verfügt über seine eigene Werkbank, sein eigenes Werkzeug und ist jeweils für einen Wagen verantwortlich.

Die Arbeit mancher HKC-Arbeiter ist hochspezialisiert. So ist einer von ihnen nur mit der Politur der Motoren beschäftigt, um sie wieder auf Hochglanz zu bringen, wie es in den zwanziger Jahren und später noch bei Luxusmodellen üblich war. Ein Sattler kümmert sich um die Wiederherstellung der alten Ledersitze und entwirft sie notfalls nach eigenen Zeichnungen neu. Dies alles erfordert große Handfertigkeit und eine hohe handwerkliche Kunst, die Monate erfordert, in komplizierten Fällen sogar Jahre, um die oft nur als Rostlaube nach Mülhausen gelangten Raritäten wieder in ihren ursprünglichen Zustand zu bringen. Zwei Personen arbeiten acht Monate lang, um aus rostigen Blechen wieder die rundgeschweiften Formen eines prächtigen Gui werden zu lassen oder einem alten Renault mit seiner komplizierten Motorhaube die einstige Eleganz wiederzugeben.

Felgen, Motorenteile und Laternen: die Werkstätten sind voll von Ersatzteilen.

Entrostet wurde mit Sandstrahl-Druckgebläse.

Ein Hispano-Suiza vor den Werkbänken. Erst nach langwierigen Arbeiten, wenn die Motoren so hell und blank wie die Karosserien sind, kommen die Wagen in den Ausstellungsraum.

Das Innere der Vehikel ist oft so prachtvoll ausstaffiert wie das Außere. In diesem Rolls-Royce sind die Türöffner aus Elfenbein. Ein Sprachrohr erlaubt es den Passagieren, dem Chauffeur Anweisungen zu geben.

Bei solchen Arbeiten mag es vorkommen, daß die Arbeiter nach eigenem Gutdünken und Geschmack arbeiten müssen. Aber selten sind sie ganz allein auf sich angewiesen: So oft es geht, bringt ihnen Fritz die nötigen Unterlagen und Dokumente. Er sieht täglich nach dem Rechten, meistens sehr früh morgens, sonst um 13 Uhr 30, nachdem er zum Stadtfriedhof gefahren ist, um das Grab seiner Mutter zu besuchen.

In der Werkstatt gibt er seine Anweisungen in knappen Sätzen, die keinen Widerspruch dulden. Fritz gibt genaue Befehle. Wenn ihm etwas nicht gefällt, so muß man wieder von vorn anfangen. Ohne Zögern läßt er Lackierungen zwei oder dreimal wiederholen, wenn ihm der Farbton nicht paßt. Er hat oft eine sonderbare Art, die gewünschte Farbe anzugeben. Für diesen Bugatti soll es genau das Blau des Hemdes sein, das er unter seiner Weste trägt. Oder er bringt einen gelben Bleistift mit, um die Farbe einer alten, schweizer Postkutsche zu bestimmen. Ein andermal ist es ein rotes Halstuch. Die Maler mischen die Farben entsprechend und schreiben auf die Büchsen mit dem gewünschten Farbton «Halstuch-Rot».

Eines Tages bringt er sogar ein Päckchen Zigaretten als Muster mit, obwohl er Tabak verabscheut. Den Malern aber gelingt der gewünschte Ton nicht. Da färben sie eben kurzerhand das Päckchen entsprechend ein. Schlumpf merkt nichts. Noch heute lachen die Urheber dieser List, die ihnen damals aus der Klemme half.

Obwohl Fritz für die Handwerker, die an seinem Lebenswerk mitarbeiten, wahrscheinlich eine besondere Sympathie hegt, läßt er sich doch nichts anmerken und bleibt ihnen gegenüber so streng und kühl wie zu seinen Textilarbeitern, besonders was die Löhne anbelangt. Daher die hohe Stellenfluktuation besonders bei den Jüngeren. Wollen sie besser bezahlt werden, so antwortet der Industrielle stets:

«Ich hab' kein Geld».

Läßt er sich dennoch erweichen, was selten geschieht, so legt er großen Wert darauf, daß sich

Schlumpf-Monogramm, Schlumpf-Wimpel, Schlumpf-Champagner. Sogar die Ruder eines im HKC-Werkes aufbewahrten Bootes verzieren die Anfangsbuchstaben seines Namens. Die Gläser tragen den Familienwappen und selbst der Fußabtreter führt den Buchstaben S.

SCHLUMPF

LUMPF
CHAMPAGNE
CHAMPAGNE
Schlumpf & C°
CHAMPAGNE

Eines Tages fährt Fritz in Paris im Taxi über die Brücke «Alexandre III». «Halt», ruft er dem Chauffeur zu, steigt aus und bewundert lange die Laternen, die diese Seinebrücke beleuchten. Sein Beschluß ist gefaßt: solche Leuchten gehören in sein Museum.

der Betroffene auch erkenntlich zeigt. So wird an einem Sonntag der Meister Pierre Fessler ins Werk gerufen. Einen triftigen Grund dafür besteht nicht. Aber er hatte kurz zuvor eine Gehaltserhöhung bekommen.

«Er ließ mich an einem Ruhetag kommen, nur um zu zeigen, daß er noch immer der Chef ist», erklärt Fessler.

Nur die Art der Arbeit, die viel interessanter ist als die in der Spinnerei, unterscheidet die Museumshandwerker vom Personal der Textilbetriebe. Im Gegenteil, seine Autos verstärken noch manche Besessenheit des Chefs: Er mochte Raucher noch nie - diese Abneigung steigert sich noch, wenn in der Nähe des Fahrzeugparks geraucht wird. Ob brennbares Material vorhanden ist oder nicht, spielt keine Rolle, weder Zigaretten noch Pfeife werden geduldet. Mit der Sauberkeit verhält es sich ähnlich. Kommt ein Wagen aus der Karosserie-Werkstatt, so darf er ganz einfach nicht mehr berührt werden.

Vor Schmutz hegt Fritz Abscheu. Er faßt Türgriffe, Steuer und Hebel nur mit Handschuhen an. Er fordert von den Arbeitern, daß sie die sauber gewaschenen Hände einer Krankenschwester haben. Die Räume, in die - selten - ausgesuchte Gäste eingelassen werden, sollen so blitzsauber sein wie eine elsässische Stube an einem Hochzeitstag.

Fritz verbirgt allen die Herkunft der erworbenen Fahrzeuge. Außer bei seinen eigenen Wagen - so beim Mercedes-Benz SL 300 mit der Kennummer «300 CJ 68» oder beim Bugatti T 35 B - werden die Nummernschilder entfernt oder schwarz übermalt. Alle persönlichen Kennzeichen müssen beseitigt werden. Es war früher in Frankreich Brauch und Vorschrift, Name und Adresse auf dem Armaturenbrett zu vermerken. Jenes Metallschild, das in einem Peugeot Coupé angeschraubt war und Name und Adresse des Straßburgers Jean Bruckmann trug, fand man später auf einer Werkbank wieder.

Bei ihrer Einstellung verpflichten sich die Arbeiter zu Stillschweigen. Auch der «Große Chef» selbst schweigt über seine eigentlichen Pläne. Doch 1967 wird der ganzen Mannschaft klar, daß etwas Neues vorbereitet wird. Man beginnt die inneren Trennwände der alten Spinnereien zu beseitigen, damit ein einziger, großer Raum entsteht. Es handelt sich also nicht nur darum, alte Autos auszubessern, sondern auch, ihre Ausstellung vorzubereiten.

Die Pläne werden klarer, als die ersten Wagen im hinteren Teil des Saales aufgestellt werden. Drahtgitter und Sandsackmauern entziehen sie den Blicken der Arbeiter, die am Umbau beteiligt sind: Elektriker, Fliesenleger und andere Leute vom Bau.

Die große Halle ist 150 Meter lang und 135 Meter breit. Nach und nach wird sie hergerichtet. Rote Fliesen werden gelegt, Wände und Decke hell gestrichen, die Ausstellungsflächen mit Kies bedeckt. So soll die Brandgefahr eingedämmt werden. Doch wenn man auf ein Kiesbeet tritt, so hört man auch das Knirschen von weitem - das erleichtert die Überwachung. Der weite Raum ist auf einer Seite durch breite Fenster abgetrennt. Dahinter liegen drei weitere Räume: Den einen nennt man «italienischen Salon», weil er durch echte Muranoleuchter geschmückt ist, den anderen den «französischen Salon» wegen seines Stils und der dritte Saal ist ganz einfach das Restaurant, das man «elsässisch» nennt, weil es in

845 Leuchter, fast detailgetreue Nachahmungen der Lichtkugeln der Brücke «Alexandre III» in Paris.

einem ländlichen Stil gehalten ist, die Vorhänge sind aus rot-weißem Vichy-Karo, wie es im Elsaß oft Brauch ist.

Weitere Räume: die Kellerbar, halb im Marinelook, halb neo-hellenistisch; die Toiletten, kitschig mit ihren Spiegelrahmen aus weißer Fayence und ihren rosaroten Fliesen.

Im Laufe der Jahre wächst die Spannung. Von 1973 an spüren die Arbeiter, daß der Eröffnungstag nicht mehr allzu weit sein kann. Ein Bauleiter, Gerard Von der Ohe, läßt immer mehr Umbauten ausführen und erstattet darüber täglich Bericht. Fritz will, daß alles bis ins kleinste Detail ausgearbeitet wird.

Und so verzögern sich die letzten Vorbereitungen. 1973 stehen bereits nahezu alle Fahrzeuge in der Halle. Aber wie sieht es mit dem äußeren Rahmen aus? Ist auch alles perfekt? Fritz will nichts übereilen. Das Museum soll der Sammlung würdig sein - und auch des Bildes, das sich Fritz von sich selbst macht.

Also läßt er in der Eingangshalle Vitrinen anbringen, in denen seidene Halstücher, eigens für das Museum vom berühmten Pariser Haus Hermès entworfen, und Champagnerflaschen der Marke «Schlumpf» angeboten werden.

Denn Fritz besitzt seine eigene Champagnermarke. 1965 war er bei der Firma Phillipponnat in Mareuil-sur-Ay im Marnetal vorstellig geworden:

«Ich habe erfahren, daß es eine Marke Schlumpf gibt», sagt er zu Direktor Michel Colard.

Der sucht in seinen Akten und stellt fest:

«Die gibt es tatsächlich. Die Marke gehört uns, aber wir gebrauchen sie schon lange nicht mehr».

Der Malmerspacher Fabrikant kauft also die Marke und gründet eine neue Gesellschaft *«Champagne Schlumpf & Cie».* Jedes Jahr verteilt er eigene hundert Flaschen «Brut», die seinen Namen tragen. 1974 ist der letzte Jahrgang. Er bestellt 632 Flaschen davon in Mareuil-sur-Ay. Neun Flaschen davon, in allen Formaten, vom Viertel bis zum Magnum, werden im Museum ausgestellt.

Fritz läßt auch Schilder für das Gebäude anfertigen: außen *«Musée Schlumpf»;* innen für die sieben Alleen in Längsrichtung und für die fünf querlaufende *«Avenues».* Diese grenzen jeweils ein *«Quartier»* ab, die ihrerseits Nummern tragen, diskret auf Schildern aus Birkenholz gemalt, das in Malmerspach geschlagen wurde.

Das Familienwappen ist auf den Eingangstüren, ein übergroßes Foto der Mutter befindet sich am Eingang der Ausstellungshalle. Überall herrscht der Stil von Fritz Schlumpf vor. Auch wie er über die Art der Museumsbeleuchtung entschied, zeugt davon.

Eines Tages fährt Fritz in Paris in einem Taxi über die Brücke Alexandre III.

«Halt», ruft er dem Chauffeur zu, steigt aus und betrachtet genau die Lampen die diese Seinebrücke beleuchten. Sinnend steigt er wieder ein.

Wochen später treffen zwei solcher Lampen im Museum ein.

«Ich habe die Erlaubnis erhalten, zwei davon abmontieren zu lassen, um Muster zu nehmen», soll Fritz gesagt haben.

Die Leuchten werden photographiert, nachgezeichnet, dann wird eine Form gegossen. Die Wiedergabe ist bis auf wenige Details genau. Die nachgegossenen, runden Lampen sind aus Kunstharz. Die Aufsätze wurden leicht verändert, um sie besser den schon bestehenden Guß-Säulen und den Wünschen von Fritz anzupassen.

Um seine Macht schon von außen sichtbar zu demonstrieren, will er ein Flugzeug auf das Dach des Museums setzen. Das Flugzeug ist bereits an Ort und Stelle. Es handelt sich um ein Vickers Viking, das nach dem Krieg gekauft wurde und schon lange unter einem Schuppen der Fabrik aufgebockt ist. Die Halterungen, die die Maschine an ihrem endgültigen Platz über der Terrasse des Verwaltungsgebäud des Museums befestigen sollen, sind bereits montiert. Aber das Vorhaben wird fallengelassen. War die Maschine mit zehn Tonnen zu schwer? Kam etwas anderes dazwischen?

Die «Viking», die über die Dächer des Museums hätte montiert werden sollen.

Der Sammler wählt schließlich weniger protzige Signale: Fahnen, die längs der Colmarer Strasse wehen sollen. Eine Reihe großer Masten wird aufgestellt. Zwischen den Landesfahnen sollen die persönlichen Farben der Schlumpfs im Wind flattern.

Wann soll die Eröffnung stattfinden? 1974 sieht man endlich den Termin nahen. Im Innern des Museums werden bereits die Dienstvorschriften ausgehängt.

Fritz trifft die letzten Vorkehrungen. Sogar die Türmatten tragen sein Zeichen, ein großes *«S»* für Schlumpf. Der Herr genießt sein Reich noch für sich allein oder manchmal mit Arlette, seiner Lebensgefährtin, die an seiner Seite die Entwicklung des Museums miterlebt. Er wandert durch die Alleen des weiten Saales. Bald, denkt er, wird die ganze Welt diesen fabelhaften Reichtum zu Gesicht bekommen.

Niemals verspürte Fritz ein so beglückendes Gefühl von eigener Kraft und eigenem Besitz. Niemals, selbst an dem Tag nicht, da er die Fabrik Glück erwarb.

Man kann sich leicht vorstellen, wie er in dieser Kathedrale des Automobils wandelt. Nur der Klang seiner Schritte auf den harten Fliesen der *«Avenues»* ist zu hören, manchmal das Knirschen des Kieses, wenn er sich einem Wagen nähert: Das sind die einzigen Geräusche inmitten dieser Stille. Nur wenige Gerüche erinnern den einsamen Besucher daran, daß kürzlich hier noch emsig gearbeitet wurde. Es riecht nach Farbe und frischem Leder: Ein fremdes, flüchtiges Parfum. Wird die Stille bedrückend, so läßt Fritz die große Jahrmarktsorgel von Mortier ertönen...

Sie wurde durch den belgischen Orgelbauer Arthur Prinsen überholt. Ein mächtiges Instrument mit 86 Pfeifen: Als es nach Mülhausen zurückkam, wurde es unweit des Bildes von Jeanne Schlumpf aufgestellt. Fritz hat bei Prinsen ebenfalls mehrere Lochkartons für die Orgel bestellt, meist mit Nationalhymnen.

Zur Überraschung der Arbeiter wird im Dezember 1974 ein acht Meter breites Photostudio im

Fünftausend Postkarten waren schon gedruckt worden. Sie zeigten siebzig verschiedene Fahrzeuge. Über hundert andere Modelle waren noch in Arbeit.

Die Kellerbar des Museums.

Eine gewagte Wette: da Fritz keinen dritten «Royale» kaufen konnte, beschließt er, eine Kopie davon in seinen Werkstätten bauen zu lassen.

hinteren Teil des Museums eingerichtet. Sie verstehen jedoch bald, worum es geht. Ein Photograph kommt ins Haus. Monatelang photographiert er in Farbe Fahrzeug um Fahrzeug. Sein Kunde ist anspruchsvoll. Die Bilder müssen tadellos sein. Das kleinste Stäubchen muß beseitigt, die geringste Spiegelung vermieden werden. Bei bestimmten Wagen wird blauer Himmel als Hintergrund gespannt und der Kies grün gespritzt. Die Aufnahmen dienen natürlich als Vorlage für Postkarten. Die bekannte Mülhauser Druckerei *«Arts graphiques DMC»* übernimmt den Auftrag. Die Auflage beträgt je 5 000 Exemplare für die ersten 72 Fahrzeuge. Fritz hat die Auswahl selbst getroffen: Noch befindet sich kein Bugatti darunter. Weitere Bilder sollen später entstehen.

Am Vortag des großen Ereignisses verfügt Fritz über eine Mannschaft, die genau weiß, was sie zu tun hat. Sie beherrscht praktisch alles und hat in diesen Tagen alle Hände voll zu tun. Der näherrückende Eröffnungstag läßt Fritz das Arbeitstempo beschleunigen. Die Qualität der Wiederherstellung einiger Fahrzeuge leidet allerdings darunter.

Aber der Sammler weiß auch, daß die Stunde seiner letzten Herausforderung gekommen ist und endlich der Wunsch verwirklicht werden soll, von dem er seit zehn Jahren träumt: Da er keinen dritten Bugatti *«Royale»* kaufen konnte und sich Molsheim weigerte, einen Nachbau auszuführen, beschließt er, eine Kopie davon in seinen eigenen Werkstätten ausführen zu lassen.

Das Chassis steht seit fast zehn Jahren bereit. Fritz besitzt ebenfalls Einzelteile, nicht allzu viele, aber immerhin sind sie echt. Es kann reichen, denkt er, um sich in das Abenteuer zu stürzen. Die fehlenden Teile werden eben nachgebaut. Raymond Beinert, ein gelernter Kessel- und Blechschmied, formt wochenlang die langgezogenen Kotflügel. Keine einfache Angelegenheit, solch langgeschweifte Stücke in stundenlanger Arbeit aus einem flachen Blech herauszuhämmern. Den Holzaufbau der Karosserie führt Pierre Fessler aus, der Werkstattmeister. Als einzige Vorlagen dienen Bilder, die aus irgendwelchen Büchern und Zeitschriften stammen, deren Titel Fritz geheimhält. So bleibt den beiden Handwerkern verborgen, daß sie an der Imitation der zweiten, von Ettore Bugatti ausgeführten *«Royale»* arbeiten.

Dieser tolle Traum wäre beinahe Wirklichkeit geworden. Die falsche *«Royale»*: eine so außergewöhnliche Nachbildung hat es in der Automobilgeschichte noch nie gegeben. Beinahe wäre sie zustande gekommen.

Auch das Museum stand vor seiner Vollendung. Wäre Fritz nicht so peinlich um jedes Detail besorgt gewesen, so wäre es rechtzeitig eröffnet worden. Mehrmals schien es soweit zu sein: 1975 will Fritz Personal einstellen, aber neue Verzögerungen treten ein. Endlich, am Anfang des Jahres 1976, gibt er grünes Licht:

«Bis Ende März sind die Arbeiten beendet», bestimmt er.

Alles ist bereit. Nur die seidenen Halstücher müssen noch gebügelt werden, bevor sie in die Auslagen kommen. Nur die Blumen bleiben noch zu wählen, die vor dem Porträt von Jeanne stehen sollen. Doch Fritz ist, was er manchmal vergaß, nicht nur Sammler, sondern auch Betriebschef. Diese lange vergessene Realität dringt sich ihm unangenehm brutal auf: Die Geschäfte gehen schlecht. Das Geld wird knapp. Die Vorschüsse für die Instandsetzung der Fahrzeuge würden jetzt anderweitig dringend benötigt. Die Wollindustrie ist mitten in der Krise.

Die « falsche Royale » wurde mit von den Schlumpf gesammelten Teilen gebaut, als Pläne dienten einige Fotos des Esders-Coupés. Nach ihrem Abbruch beim Konkurs der Schlumpf wurden die Arbeiten vom Automobilmuseum zu Ende geführt: Die originalgetreu nachgebaute Royale wurde der Öffentlichkeit 1990 vorgeführt.

Nur der Klang seiner Schritte auf den harten Fliesen der «Alleen» ist zu hören, manchmal das Knirschen des Kieses, wenn er sich einem Wagen nähert: Das sind die einzigen Geräusche inmitten dieser Stille. Fritz besucht seine Sammlung. Wird die Stille bedrückend, so läßt er die Jahrmarktsorgel spielen.

In der Hoffnung, so seine Autosammlung zu retten, gibt Fritz seine Fabriken auf. Die «Affäre Schlumpf» bewegt die ganze Region. Den beiden Brüdern bleibt bald nur noch die Flucht in die Schweiz, um dem Zorn ihrer Arbeiter zu entgehen. Das Basler Hotel *«Zu den drei Königen»* wird für den gestürzten Monarchen und seinen treuen Bruder zum Refugium.

Die Mortierorgel wurde im Jahre 1974 beim belgischen Orgelbauer Arthur Prinsen repariert.

Doch gibt Fritz nicht auf. Jeden Tag fährt Arlette von Basel nach Mülhausen, um seine Anweisungen zu übermitteln. Um 13 Uhr 30 steht fortan ihr roter Alfa-Romeo an Stelle des hellen Mercedes ihres Lebensgefährten auf dem Privatparkplatz des Museums.

Doch zum Jahresende wird die 20-Mann-Belegschaft von HKC entlassen wie alle übrigen Beschäftigten des Konzerns. Den Automobilhandwerkern waren die Sorgen der Textilarbeiter bisher fremd. Der Konflikt ändert daran nichts, im Gegenteil.

«Diese Sammlung ist zum großen Teil unser Werk», denkt die Mannschaft des Museums. «Wir haben nun das Gefühl, enteignet zu werden. Es ist nur schade, daß wir die begonnene Aufgabe nicht vollenden dürfen».

Die Entlassung unterbricht endgültig alle Arbeiten. Die Besetzung des Museums durch die Arbeiterschaft der Textilbetriebe gibt den Dingen einen anderen Lauf. Am 7. März 1977 rückt die fantastische und geheimnisumwitterte Sammlung, deren Enthüllung Fritz so lange verzögerte, ins Rampenlicht. Damit wird auch ihre Entstehungsgeschichte bekannt.

Das Museum ist Jeanne Schlumpf gewidmet. Vor ihrem Porträt, eine Bronzeplatte auf der man lesen kann: «Wir widmen dieses Museum unserer lieben Mutter. Ihre dankbaren Söhne Hans und Fritz».

Unter diesen Dächern, die aussehen wie alle anderen in der Textilindustrie, hinter diesen eintönigen Backsteinmauern, im Herzen der Großstadt gut versteckt, liegt das märchenhafteste Automobilmuseum der Welt.

Das Automobil Sage von 1906, ein sehr seltenes Stück, auf das Fritz Schlumpf besonders stolz war.

Fritz Schlumpfs Lieblinge

Eigentlich ist es mehr als ein Museum: eine Sammlung. Fritz Schlumpf hat sicher seine Auswahl vom technischen und historischen Standpunkt her getroffen, aber persönlicher Geschmack und wohl auch sentimentale Neigung spielten dabei mit. So enthält die Sammlung etwa auch Fahrzeuge, die mit der persönlichen Geschichte des Sammlers verbunden sind. Nach und nach hat er eine Hierarchie zwischen den verschiedenen Vehikeln hergestellt. Wenn er sein Werk einigen seltenen, ausgesuchten Gästen vorführte, so verweilte er oft länger und mit mehr Bewunderung vor den bevorzugten Modelle, seinen Lieblingen oder, wie andere zu sagen pflegten, seine «Liebsten».

Roland Fischer war der einzige Journalist, der schon 1965 an solch einem Besuch teilnahm. Er kannte Fritz Schlumpf und vermag jene Fahrzeuge zu nennen, an denen Fritz Schlumpf am meisten hing. Jene Autos, denen er in seinem schweizer Exil besonders nachtrauert und die er weder berühren noch laufen sehen und hören kann.

Einer der 1904 von den Gebrüdern Dufaux in Genf für das Gordon-Benett Rennen gebauten Rennwagen. Er war einer der Grundsteine der Sammlung.

Fünf-Liter-Bugatti (1912), nach Roland Garros benannt, einem berühmten Flieger, der diesen Typ als erster erwarb. Von diesem Modell bestand nur noch das Chassis und manche «Bugattisten» beanstanden die nicht originale Heckpartie. Vor 1914 waren übrigens die im Elsaß gebauten Rennwagen weiß wie in den internationalen Autosport-Vorschriften bestimmt: Weiß für Deutschland, Blau für Frankreich, Grün für Grossbritannien, Rot für Italien...

Es kostete viel Mühe und Arbeit, um diesen Ballot, der 1921 am Grand Prix von Indianapolis teilnahm, wieder in den ursprünglichen Zustand zu bringen. Es war, wie damals vorgeschrieben, ein Zweisitzer, wurde aber in den dreißiger Jahren in einen Einsitzer verwandelt und fuhr zuletzt auf der Rennstrecke von Monthléry bei Paris als Lehrwagen.

«Coupé Napoléon», Prototyp der Serie T 41, also der «Royale». Ettore Bugatti ließ diesen Wagen als «Coupé-Chauffeur» zur persönlichen Verwendung umbauen, nachdem er zuvor in anderer Form gefahren war. Viele halten dieses Auto für das teuerste der Welt. Schätzpreis: Mehr als drei Millionen Mark.

Mercedes-Benz 300 SL aus dem Jahr 1956. Es war eines der Privatfahrzeuge von Fritz Schlumpf. Im Museum sind nur die Fahrzeuge, die ihm von Anfang an gehörten oder von ihm benutzt wurden, mit Nummernschildern versehen.

Die Schönsten unter den Schönen

Das «Louvre-Museum» des Automobils: die Vielfalt der Kunstwerke im Mülhauser Museum ist groß. Es wird dem Betrachter fast schwindelig. Und dem Laien fällt es schwer eine Wahl zu treffen und die bedeutendsten Modelle zu unterscheiden.

Was ist hier am schönsten? Die Autofans interessieren sich in der Sammlung Schlumpf an die verschiedensten Dinge: Die einen ziehen jene Marke vor, die anderen hingegen beanstanden dies und jenes, aber alle beharren auf einer genauen Einhaltung der historischen und mechanischen Wahrheit. In solchen Gremien lauert aber manchmal auch die Gefahr des Fachsimpelns.

Die Autoren haben Roland Fischer gebeten, für die Nichteingeweihten eine Liste der von ihm bevorzugten Modelle aufzustellen. Hier wird sie nun den Lesern unterbreitet, nicht damit dieselben sich unbedingt danach richten - es soll ein jeder den Spaß etwas aus eigenem Ermessen zu entdecken behalten - sondern damit ein jeder sich daran freuen kann.

Rolls-Royce Phantom II von 1931, ein Klassiker in jedem grossen Automuseum, der auch hier keineswegs fehlen durfte.

Dieser Benz Victoria von 1893 hat den großen Vorzug, keine Kopie zu sein. Fritz Schlumpf war besonders stolz auf ihn.

Zwei höchst seltene Dampffahrzeuge. Links ein Serpollet-Rennwagen von 1902. Der Dampferzeuger ist unter einer windschnittigen Haube untergebracht. Rechts ein Phaeton Gardner-Serpollet aus demselben Jahr. Anders als der Sportwagen ähnelte dieser Wagen noch mehr einer Kalesche, zu der eigentlich ein Pferdegespann gehört hätte.

Delaunay-Belleville aus dem Jahre 1907, zweifellos ein Auto, wie es sich die feine Gesellschaft zu Beginn des Jahrhunderts wünschte.

Panhard-Levassor von 1911, ein Prestigefahrzeug der damaligen Zeit.

Diesen Bugatti T 64 gab es nur in einem einzigen Exemplar, in das Jean Bugatti, der im selben Jahr am Steuer eines Rennwagens ums Leben kam, sein ganzes Können investiert hatte.

Maybach-Zeppelin von 1934. Die Karosserie wurde in der Schweiz von Gräber entworfen. Eines der schönsten Exemplare, die nach den 20er Jahren gebaut wurden.

Mercedes-Benz 540 K, 1938, unter einer aparten Karosserie von Erdmann und Rossi, ein ebenbürtiger Nachfolger des ersten Sechszylinder-Mercedes von 1906, den Fritz Schlumpf als Sportzweisitzer in England erworben hatte.

Peugeot 174 von 1927, ein «Ventilloser» des Konstrukteurs, der nach 1929 auf den Bau dieser aufwendigen Straßenkreuzer verzichten wird. Diese Autos zeichneten sich durch einen besonders gleichmäßigen und leisen Lauf aus.

Geschichte und Geschichten

Das Museum erzählt Geschichte und Geschichten: Viele der ausgestellten Fahrzeuge gehörten berühmten Leuten. So befand sich die Panhard-Levassor-Limousine, Modell X 26 mit ihrer Karosserie von Belvalette früher im Besitz des französischen Präsidenten Poincaré. König Léopold von Belgien war Eigentümer eines Bugatti T 43 Sport von 1929.

Der Ferrari T 450 AM, mit einer Pininfarina-Karosserie Scaglietti 57, diente dem Kaiser von Kambodscha Bao Dai. Auf der Motorhaube befindet sich ein Schriftzeichen, das «Himmlisches Licht» bedeutet. Die Prominenz des dritten Reiches hegte eine Vorliebe für den «Großen Mercedes» Daimler-Benz T 770 K.

Der Renault T AG 1, ein Taxityp von 1908, wurde im ersten Weltkrieg zum Truppentransport bei der Marneschlacht eingesetzt.

Auch die Kinowelt liebt schöne Autos: Ein Fahrzeug des Museums, der Rolls-Royce Phantom III, von Hooper als Limousine karossiert, gehörte Charlie Chaplin. Roberto Rosselini fuhr den Ferrari 250 MM von 1952.

Andere Oldtimer gehörten einst selbst Filmstars: So trat ein Bugatti T 57 C Sedan 1938 im *«Fanny»* auf, den Joshua Logan nach dem Werk von Marcel Pagnol in den Vereinigten Staaten drehte. Der Lotus T 33/R 39, ein Formel-1-Wagen von 1963, spielte eine eigene Rolle im Film *«Grand Prix»* von 1966.

Mit dem Maserati 250 F, ebenfalls ein Grand-Prix-Einsitzer, wurde Fangio zum fünften Mal Weltmeister. John Surtees wurde am Steuer des Ferrari 156 B von 1963 Weltmeister.

Auch andere Autos haben Geschichte gemacht: So ist der Mercedes Benz 170 von 1937, ein kleiner, von Ferdinand Porsche 1936 konzipierter Viersitzer mit luftgekühltem Heckmotor ein Vorläufer des Volkswagens.

Eine Alfa-Romeo-Reihe

Die vollständige Liste der Fahrzeuge des Museums

Abteilung 1

(01 01)	**BUGATTI** 35 B	1927
(01 02)	**BUGATTI** 52	1928
(01 03)	**BUGATTI** 52	1927

Abteilung 2

(02 01)	Traineau hippomobile	
(02 02)	Charrette sicilienne	
(02 03)	**JACQUOT** vapeur	1878
(02 04)	**MENIER** Break	1893
(02 05)	**SAGE** Sport	1906
(02 06)	**GARDNER SERPOLLET**	1901
(02 07)	**GARDNER SERPOLLET**	1902
(02 08)	**GARDNER SERPOLLET**	1902
(02 09)	**GARDNER SERPOLLET**	1901
(02 10)	**GARDNER SERPOLLET**	1903
(02 11)	**VERMOREL**	1899
(02 12)	**RIPPERT**	1902

Abteilung 3

(03 01)	**HERMES SIMPLEX** course	1904
(03 03)	**BUGATTI** 13 BB1	1911
(60 01)	**BUGATTI** 13	1912
(03 02)	**BUGATTI** 16 Sport	1912
(03 04)	**BUGATTI** 13	1911
(03 05)	**BUGATTI** 13	1913
(03 06)	**BUGATTI** 17	1914
(03 07)	**BUGATTI** 13	1921
(03 08)	**BUGATTI** 13	1921
(03 09)	**BUGATTI** 23	1924
(03 10)	**BUGATTI** 28	1921
(03 11)	**LOTUS** 33	1963
(03 12)	**LOTUS** 24	1962
(03 13)	**LOTUS** 18	1961
(03 14)	**FERRARI** 166 F2	1948
(03 15)	**FERRARI** 500/625 F2	1952
(03 16)	**FERRARI** 212 F2	1950
(03 17)	**FERRARI** 500/625 F2	1952
(03 18)	**FERRARI** 156 B F1	1963
(03 19)	**FERRARI** 500 TRC	1957
(03 20)	**FERRARI** 250 MM	1952
(03 21)	**FERRARI** 450 AM	1954
(03 22)	**FERRARI** 250 LM	1964
(03 23)	**TALBOT** 26 C	1948
(03 24)	**TALBOT** 26 C	1948

Abteilung 4

(04 01)	**DUFAUX** Course	1904
(04 02)	**BUGATTI** 32	1923
(04 03)	**BUGATTI** 35	1925
(04 04)	**BUGATTI** 35 GP	1925
(04 05)	**BUGATTI** 35 A	1925
(04 06)	**BUGATTI** 35 C	1929
(04 07)	**BUGATTI** 35	1925
(04 08)	**BUGATTI** 35	1926
(04 09)	**BUGATTI** 35 A	1926
(04 10)	**BUGATTI** 37 A	1929
(04 11)	**BUGATTI** 38	1927
(04 12)	**BUGATTI** 38	1927
(04 13)	**BUGATTI** 35 B	1927
(04 14)	**BUGATTI** 35 A	1928
(04 15)	**BUGATTI** 37	1928
(04 16)	**BUGATTI** 37	1926
(04 17)	**BUGATTI** 35 C	1926
(04 18)	**BUGATTI** 35	1929
(04 19)	**FERRARI** 312 B	1970

Abteilung 5

(05 01)	**BUGATTI** 47	1930
(05 02)	**BUGATTI** 45	1929
(05 03)	**BUGATTI** 59/50B	1938
(05 04)	**BUGATTI** 59/50B	1938
(05 05)	**BUGATTI** 51	1931
(05 06)	**BUGATTI** 51 A	1933
(05 07)	**BUGATTI** 51 A	1932
(05 08)	**BUGATTI** 53	1931
(05 09)	**BUGATTI** 251	1955
(05 10)	**BUGATTI** 251	1955

Abteilung 6

(06 01)	**BUGATTI** 55	1932
(06 02)	**BUGATTI** 55	1933
(06 03)	**BUGATTI** 55	1934
(06 04)	**BUGATTI** 55	1932
(06 05)	**BUGATTI** 55	1932
(06 06)	**BUGATTI** 55	1932
(06 07)	**BUGATTI** 55	1935
(06 08)	**BUGATTI** 68 B	1942
(06 09)	**BUGATTI** 55	1932
(06 10)	**BUGATTI** 252	1954
(06 11)	**BUGATTI** 73 C	1948
(06 12)	**BUGATTI** 252	1955
(06 13)	**BUGATTI** 73 A	1947
(06 14)	**BUGATTI** 43 A	1930
(06 15)	**BUGATTI** 43 A	1929
(06 16)	**BUGATTI** 43	1929
(06 17)	**BUGATTI** 43	1928
(06 18)	**BUGATTI** 43	1932
(06 19)	**BUGATTI** 43	1928
(06 20)	**BUGATTI** 43	1927
(06 21)	**BUGATTI** 43	1930

Abteilung 7

(07 01)	**BUGATTI** 49	1931
(07 02)	**BUGATTI** 49	1933
(07 03)	**BUGATTI** 49	1934
(07 04)	**BUGATTI** 49	1933
(07 05)	**BUGATTI** 49	1932
(07 06)	**BUGATTI** 49	1934
(07 07)	**BUGATTI** 40	1929
(07 08)	**BUGATTI** 40	1928
(07 09)	**BUGATTI** 40	1927
(07 10)	**BUGATTI** 40	1929
(07 11)	**BUGATTI** 40	1926
(07 12)	**BUGATTI** 40	1929
(07 13)	**BUGATTI** 44	1927
(07 14)	**BUGATTI** 49	1933
(07 15)	**BUGATTI** 49	1930
(07 16)	**BUGATTI** 49	1934
(07 17)	**BUGATTI** 49	1932
(07 18)	**BUGATTI** 49	1934
(07 19)	**BUGATTI** 49	1933

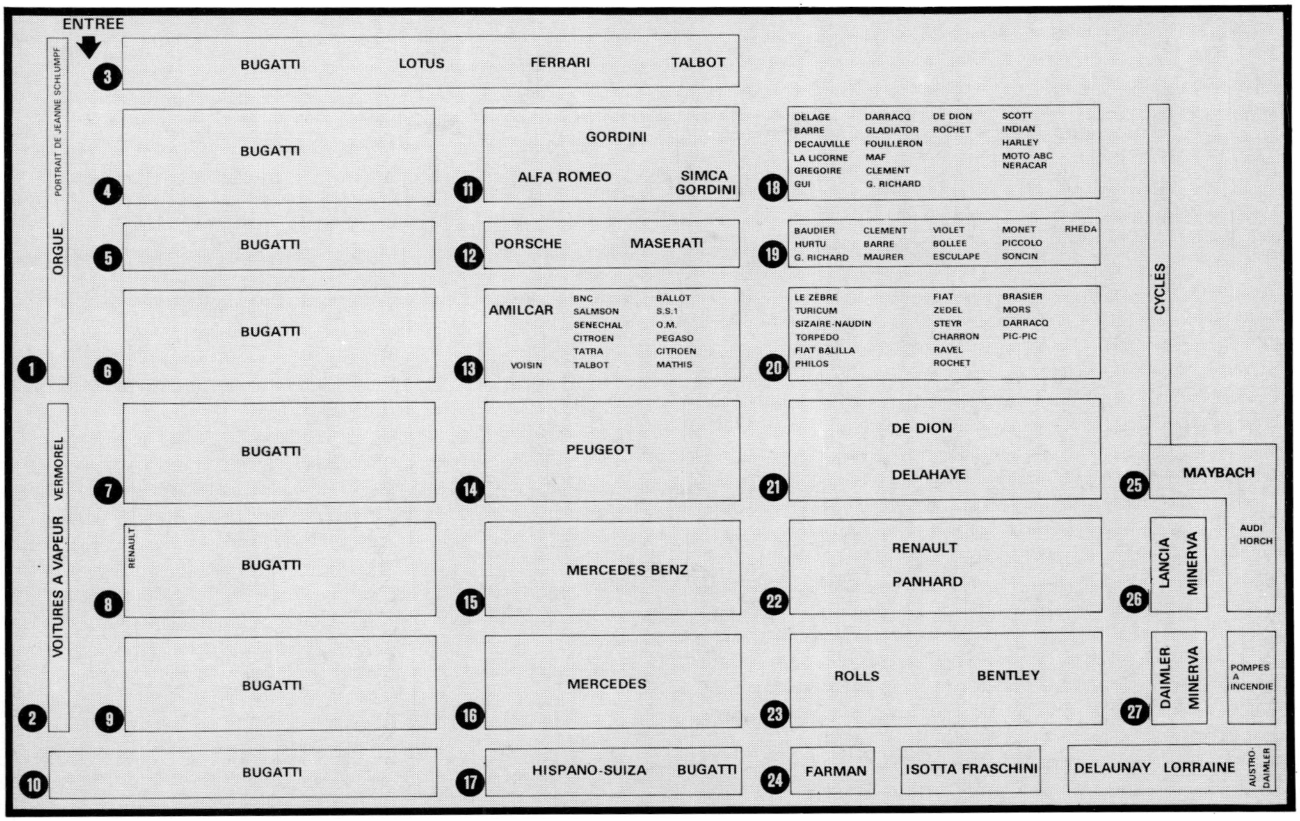

Abteilung 8

(08 01)	**BUGATTI** 57 C	1936
(08 02)	**BUGATTI** 57 C	1939
(08 03)	**BUGATTI** 57	1935
(08 04)	**BUGATTI** 57	1939
(08 05)	**BUGATTI** 57	1936
(08 06)	**BUGATTI** 57	1937
(08 07)	**BUGATTI** 57	1936
(08 08)	**BUGATTI** 101	1951
(08 09)	**BUGATTI** 101	1950
(08 10)	**BUGATTI** 101	1951
(08 11)	**BUGATTI** 101	1951
(08 12)	**BUGATTI** 57	1936
(08 13)	**BUGATTI** 57	1937
(08 14)	**BUGATTI** 64	1939
(08 15)	**BUGATTI** 50	1936
(08 16)	**BUGATTI** 57	1939
(08 17)	**BUGATTI** 57	1936
(08 18)	**BUGATTI** 57 C	1938
(08 19)	**BUGATTI** 57 C	1939

Abteilung 9

(09 01)	**BUGATTI** 57 SC	1937
(09 02)	**BUGATTI** 57 SC	1937
(09 03)	**BUGATTI** 57 S	1938
(09 04)	**BUGATTI** 57 S	1937
(09 05)	**BUGATTI** 57 S	1937
(09 06)	**BUGATTI** 56	1931
(09 07)	**BUGATTI** 57 S	1938
(09 08)	**BUGATTI** 57 SC	1938
(09 09)	**BUGATTI** 57 SC	1939
(09 10)	**BUGATTI** 57 SC	1938
(09 11)	**BUGATTI** 41	1930
(09 12)	**BUGATTI** 50	1930
(09 13)	**BUGATTI** 41	1933
(09 14)	**BUGATTI** 46	1933

Abteilung 10

(10 01)	**BUGATTI** 46	1930
(10 02)	**BUGATTI** 46	1930
(10 03)	**BUGATTI** 46	1934
(10 04)	**BUGATTI** 46	1933
(10 05)	**BUGATTI** 46 S	1934
(10 06)	**BUGATTI** 46	1931
(10 07)	**BUGATTI** 46	1934
(10 08)	**BUGATTI** 43	1931

Abteilung 11

(11 01)	**GORDINI** 32	1955
(11 02)	**GORDINI** 32	1956
(11 03)	**GORDINI** 16	1954
(11 04)	**GORDINI** 16	1954
(11 05)	**GORDINI** 17 S	1951
(11 06)	**GORDINI** 20 S	1952
(11 07)	**GORDINI** 20 S	1953
(11 08)	**GORDINI** 23 S	1953
(11 09)	**GORDINI** 26 S	1954
(11 10)	**GORDINI** 24 S	1953
(11 11)	**GORDINI** 24 S	1953
(11 12)	**SIMCA GORDINI**	1939
(11 13)	**SIMCA GORDINI**	1937
(11 14)	**GORDINI** 21 GCS	1951
(11 15)	**ALFA ROMEO** 8 C	1936
(11 16)	**ALFA ROMEO** Discovolante	1953
(11 17)	**ALFA ROMEO** 8C	1937
(11 18)	**ALFA ROMEO** 8C	1937
(11 19)	**ALFA ROMEO** 12C	1938
(11 20)	**ALFA ROMEO** 8C	1933
(11 21)	**ALFA ROMEO** 8C	1932
(11 22)	**ALFA ROMEO** 6C	1931

Abteilung 12

(12 01)	**PORSCHE** 908	1968
(12 02)	**CISITALIA** D46	1948
(12 03)	**MASERATI** 26B	1930
(12 04)	**MASERATI** 8CM	1933
(12 05)	**MASERATI** 4CLT	1948
(12 06)	**MASERATI** 4CS	1933
(12 07)	**MASERATI** 4CL	1939
(12 08)	**MASERATI** 250F	1957
(12 09)	**MASERATI** 250F	1958
(12 10)	**MASERATI** 300S	1955

Abteilung 13

(13 01)	**AMILCAR** CO	1926
(13 02)	**AMILCAR** CC	1925
(13 03)	**AMILCAR** CGS	1926
(13 04)	**BNC** Course	1926
(13 05)	**SALMSON** VAL	1926
(13 06)	**SENECHAL** SS	1925
(13 07)	**CITROEN** C3	1923
(13 08)	**CITROEN** C3	1924
(13 19)	**CITROEN** C3	1922
(13 10)	**SUNBEAM** 15/9	1920
(13 11)	**TATRA** 87	1948
(13 12)	**TALBOT LONDRES** 95	1933
(13 13)	**VOISIN** C28	1936
(13 14)	**VOISIN** C14	1930
(13 15)	**VOISIN** C7	1927
(13 16)	**BALLOT** 2LTS	1925
(13 17)	**BALLOT** RH3	1930
(13 18)	**MATHIS** P	1924
(13 20)	**PEGASO** Z102	1952
(13 21)	**STANDARD-SWALLOW** SS1	1934
(13 22)	**O M** 665	1930
(13 23)	**BALLOT** 3/8LC	1921

Abteilung 14

(14 01)	**PEUGEOT** 16	1898
(14 02)	**PEUGEOT** 56	1903
(14 03)	**PEUGEOT** 69	1905
(14 04)	**PEUGEOT** 78A	1906
(14 05)	**PEUGEOT LION** VC1	1909
(14 06)	**PEUGEOT** BB	1913
(14 07)	**PEUGEOT** BB	1913
(14 08)	**PEUGEOT** BB	1913
(14 09)	**PEUGEOT** BB	1914
(14 10)	**PEUGEOT** BB	1915
(14 11)	**PEUGEOT** Quadricycle	1905
(14 12)	**PEUGEOT** 176	1927
(14 13)	**PEUGEOT** 174	1927
(50 04)	**PEUGEOT** 202	1939
(14 14)	**PEUGEOT** 172	1922
(14 15)	**PEUGEOT** 161	1921
(14 16)	**PEUGEOT** 146	1914
(14 17)	**PEUGEOT** 99	1907
(14 18)	**PEUGEOT** 26	1899
(14 19)	**PEUGEOT** 17	1897
(14 20)	**PEUGEOT** 8	1893
(14 21)	**PEUGEOT** 3	1891

Abteilung 15

(15 01)	**BENZ** Victoria	1893
(15 02)	**BENZ** Vélo	1897
(15 03)	**BENZ** Vélo	1898
(15 04)	**MERCEDES** 28/95	1915
(15 05)	**MERCEDES** 400	1925
(15 06)	**MERCEDES** 320	1938
(15 07)	**MERCEDES** 380	1933
(15 08)	**MERCEDES** 300SC	1956
(15 09)	**MERCEDES** 300 S	1955
(15 10)	**MERCEDES** 400	1927
(15 11)	**MERCEDES** 600	1928
(15 12)	**MERCEDES** 14/30	1909
(15 13)	**MERCEDES** 39/75	1907
(15 14)	**MERCEDES** Simplex	1905
(15 15)	**BENZ** GR	1918
(15 16)	**BENZ** Vélo	1896
(15 17)	**BENZ** Vélo	1898
(15 18)	**BENZ** Vélo	1896
(15 19)	**BENZ** Victoria	1893

Abteilung 16

(16 01)	**MERCEDES** W154	1939
(16 02)	**MERCEDES** W154	1939
(16 03)	**MERCEDES** 6/25/40	1922
(16 04)	**MERCEDES** 170H	1937
(16 05)	**MERCEDES** 170V	1938
(16 06)	**MERCEDES** 320	1936
(16 07)	**MERCEDES** 500K	1936
(16 08)	**MERCEDES** 540K	1936
(16 09)	**MERCEDES** 300SL	1955
(16 10)	**MERCEDES** 770K	1938
(16 11)	**MERCEDES** 770K	1938
(16 12)	**MERCEDES** 540K	1938
(16 13)	**MERCEDES** 540K	1938
(16 14)	**MERCEDES** 500K	1936
(16 15)	**MERCEDES** 38/250SS	1929
(16 16)	**MERCEDES** SS	1929
(16 17)	**MERCEDES** 720SSK	1928
(16 18)	**MERCEDES** 720SSK	1929
(16 19)	**MERCEDES** W 125	1937
(16 20)	**MERCEDES** 300 SLR	1955

Abteilung 17

(17 01)	**HISPANO SUIZA** Alfonso XIII	1912
(17 02)	**HISPANO SUIZA** Alfonso XIII	1912
(17 03)	**HISPANO SUIZA** H 6 B	1928
(40 21)	**HISPANO SUIZA** K6	1932
(17 04)	**HISPANO SUIZA** K6	1931
(17 05)	**HISPANO SUIZA** J 12	1932
(17 06)	**HISPANO SUIZA** J 12	1933
(17 07)	**HISPANO SUIZA** J 12	1932
(17 08)	**BUGATTI** 50	1938
(17 09)	**BUGATTI** 46	1933
(17 10)	**BUGATTI** 46	1933

Abteilung 18

(22 22)	**PANHARD & LEVASSOR** Tonneau	1893
(22 21)	**PANHARD & LEVASSOR** A1	1898
(22 20)	**PANHARD & LEVASSOR** A2	1899
(22 18)	**PANHARD & LEVASSOR** B	1902
(22 19)	**PANHARD & LEVASSOR** Course	1908
(22 17)	**PANHARD & LEVASSOR** J 1	1904
(22 16)	**PANHARD & LEVASSOR** X 8	1911
(22 15)	**PANHARD & LEVASSOR** X 12	1912
(22 14)	**PANHARD & LEVASSOR** X 26	1915
(60 07)	**PANHARD & LEVASSOR** C D	1962
(22 13)	**PANHARD & LEVASSOR** X 29	1917
(60 09)	**PANHARD & LEVASSOR** X 49	1930
(18 20)	**LE GUI** B 2	1911
(18 22)	**GLADIATOR** 14HP	1907
(18 23)	**FOUILLARON** Tonneau	1906
(18 24)	**DECAUVILLE** 10HP	1903
(60 04)	**PANHARD & LEVASSOR** 35 CV	1926

Abteilung 19

(19 01)	**CLEMENT PANHARD** VGP	1900
(19 02)	**BAUDIER** 3 HP	1900
(19 03)	**BARRE** Vis-à-vis	1897
(19 04)	**VIOLET-BOGEY** A	1910
(19 05)	**ESCULAPE** Voiturette	1898
(19 06)	**PICCOLO** 7 HP	1907
(19 07)	**PICCOLO** 5 HP	1907
(19 08)	**PICCOLO** 5 HP	1906
(19 09)	**RHEDA** Phaetonnet	1901
(19 10)	**SONCIN** Quadricycle	1900
(19 11)	**MONET GOYON** M V	1924
(19 12)	**MONET GOYON** M V	1925
(19 13)	**BOLLEE** Tricar	1896
(19 14)	**MAURER** 1 B	1900
(19 15)	**HURTU ASTER** 23 K	1904
(19 16)	**HURTU BENZ** Dos-à-dos	1897
(19 17)	**RICHARD BENZ** Vis-à-vis	1894
(19 18)	**CLEMENT DE DION** Phaéton	1899

Abteilung 20

(20 01)	**LE ZEBRE** A	1913
(20 02)	**LE ZEBRE** C	1913
(20 03)	**LE ZEBRE** A	1910
(20 04)	**LE ZEBRE** C	1914
(20 05)	**FIAT** 508 S	1936
(20 06)	**FIAT** 509 A	1926
(20 07)	**STEYR** 220	1938
(20 08)	**CHARRON LTD** X	1910
(20 09)	**ROCHET SCHNEIDER** Torpédo	1911
(20 10)	**ROCHET SCHNEIDER** Torpédo	1924

(20 11) **MORS** SSS 1923
(20 12) **MORS** N 1910
(20 13) **PIC-PIC** 20 - 24 HP 1907
(20 14) **DARRACQ** 20 - 28 HP 1907
(20 15) **BRASIER** K D 1908
(20 16) **RICHARD BRASIER** Torpédo 1910
(20 17) **RAVEL** 9 CV 1927
(20 18) **ZEDEL** C 1 1911
(20 19) **ZEDEL** C A 1908
(20 20) **PHILOS** A 4 M 1914
(20 21) **PILAIN** 4 D 1910
(20 22) **PILAIN** 4 O 1911
(20 23) **SIZAIRE NAUDIN** Course 1908
(20 24) **TURICUM** D 1 1910
(20 25) **LE ZEBRE** A 1910
(20 26) **LE ZEBRE** C 1915

Abteilung 21

(21 01) **DE DION** G 1901
(21 02) **DE DION** G 1902
(21 03) **DE DION** H 1902
(21 04) **DE DION** O 1902
(21 05) **DE DION** S 1903
(21 06) **DE DION** AB 1905
(21 07) **DE DION** AU 1907
(21 08) **DE DION** CL 1910
(21 09) **DE DION** AW 1908
(21 10) **DE DION** DX 1913
(21 11) **DE DION** DH 1912
(21 12) **DE DION** BO 2 1910
(21 13) **DELAHAYE** 28 A 1908
(21 14) **DELAHAYE** Coupé chauffeur 1912
(21 15) **DELAHAYE** 32 1914
(21 16) **DE DION** BS 1909
(21 17) **DE DION** DH 1912
(21 18) **DE DION** BG 1908
(21 19) **DE DION** EJ 2 1914
(21 20) **DE DION** AL 1906
(21 21) **DE DION** V 1904
(21 22) **DE DION** V 1904
(21 23) **DE DION** Populaire 1902
(21 24) **DE DION** L 1902
(21 25) **DE DION** G 1901
(21 26) **DE DION** G 1901
(21 27) **DE DION** G 1901
(21 28) **DE DION** G 1901
(21 29) **DE DION** G 1901
(21 30) **DE DION** G 1901

Abteilung 22

(22 01) **RENAULT** T 1904
(22 02) **RENAULT** NC 1903
(22 03) **RENAULT** AX 1910
(22 04) **RENAULT** AX 1911
(22 05) **RENAULT** AX 1911
(22 06) **RENAULT** AX 1908
(22 07) **RENAULT** AX 1911
(22 08) **RENAULT** AG 1 1907
(22 09) **RENAULT** AG 1 1908
(22 10) **RENAULT** EU 1919
(22 11) **RENAULT** EU 1920
(22 21) **RENAULT** NM 40 CV 1924
(18 21) **GREGOIRE** 12 HP 1910
(18 19) **CORRE-LICORNE** J 1906
(18 18) **MAF** 5/14 PS 1914
(18 16) **GEORGES RICHARD** Poney 1900
(60 03) **GEORGES RICHARD** Poney 1898
(18 17) **GEORGES RICHARD** Poney 1897
(18 08) **CLEMENT BAYARD** 4 M 3 1912
(18 07) **CLEMENT BAYARD** 4 M 3 1913
(18 06) **BARRE** 10 HP 1912
(18 05) **DELAGE** F 1909
(18 04) **DELAGE** F 1908
(18 03) **DARRACQ** Torpédo 1910
(18 02) **DARRACQ** 6,5 HP 1901
(18 01) **DARRACQ** L 1903
(22 23) **RENAULT** D 1901
(22 24) **RENAULT** C 1900

Abteilung 23

(23 01) **ROLLS-ROYCE** Silver Ghost 1920
(23 02) **ROLLS-ROYCE** Silver Ghost 1923
(23 03) **ROLLS-ROYCE** 20/25 HP 1934
(23 04) **ROLLS-ROYCE** 20 HP 1927
(23 13) **ROLLS-ROYCE** Phantom III 1938
(23 05) **ROLLS-ROYCE** 20 HP 1925
(23 06) **ROLLS-ROYCE** Phantom II 1930
(23 07) **ROLLS-ROYCE** Phantom III 1937
(23 08) **BENTLEY** MK 6 1950
(23 09) **BENTLEY** MK 4 1937
(23 10) **DAIMLER** TE 20 1912
(23 11) **DAIMLER** Bus 1899
(23 12) **BENTLEY** MK 6 1948
(40 22) **BENTLEY** 8 litres 1931
(60 02) **BENTLEY** 4,5 litres 1929
(23 14) **ROLLS-ROYCE** Phantom III 1936
(23 15) **ROLLS-ROYCE** Phantom III 1937
(23 16) **ROLLS-ROYCE** Phantom II 1930
(23 17) **ROLLS-ROYCE** Phantom II 1930
(23 18) **ROLLS-ROYCE** Phantom I 1928
(23 19) **ROLLS-ROYCE** Silver Ghost 1921
(23 20) **ROLLS-ROYCE** Silver Ghost 1912

Abteilung 24

(24 01) **FARMAN** A 6 1923
(24 02) **FARMAN** NF 2 1928
(24 03) **ISOTTA-FRASCHINI** 8 A 1928
(24 04) **ISOTTA-FRASCHINI** 8 A 1925
(24 05) **ISOTTA-FRASCHINI** 8 A 1926
(24 06) **DELAUNAY-BELLEVILLE** F 6 1909
(24 07) **DELAUNAY-BELLEVILLE** HB 6 1912
(24 08) **LORRAINE DIETRICH** Pompiers 1910
(24 09) **LORRAINE DIETRICH** E/C 1907
(60 22) **BERLIET** A 1911
(60 21) **BERLIET** VL 1920
(24 10) **LORRAINE DIETRICH** B3-6 1923
(24 11) **LORRAINE DIETRICH** VHH 1910
(24 12) **LORRAINE DIETRICH** FRH 1912
(24 13) **AUSTRO DAIMLER** ADR 6 1931

Abteilung 25

(25 01) **MAYBACH** DS 8 1934
(25 02) **MAYBACH** DS 7 1929
(25 03) **MAYBACH** DS 7 1929
(25 04) **MAYBACH** SW 38 1937
(25 05) **MAYBACH** SW 38 1936
(25 06) **MAYBACH** SW 38 1937
(25 07) **MAYBACH** SW 38 1936
(25 08) **AUDI** E 21/78 1924
(25 09) **HORCH** 830 1935
(25 10) **HORCH** 450 1930
(25 11) **HORCH** 670 1932

Abteilung 26

(26 01) **LANCIA** Dilambda 1929
(26 02) **LANCIA** Epsilon 1912
(26 03) **MINERVA** AC 1926
(26 04) **LANCIA** Lambda 1929

Abteilung 27

(27 01) **DAIMLER** DB 18 1962
(27 02) **DAIMLER** V 4,5 L 1938
(27 03) **DAIMLER** V 26 1934
(27 04) **DAIMLER** DF 302 1954
(27 05) **MINERVA** AH 1928

Abteilung 28

Vélocipèdes divers

Abteilung 29

(29 01) **DE DION-BOUTON** Tricycle 1898
(29 02) **ASTER** Tricycle 1899
(29 03) **DE DION-BOUTON** Tricycle 1899

Im Morgengrauen des 7. März

«Schlumpf, Totengräber»: Für die die Straße.

Arbeitsplätze geht ein ganzes Tal auf

Nach den Umzügen wird die Bevölkerung zur Besichtigung der Spinnerei von Malmerspach eingeladen.

Monate vergehen, ohne daß eine Lösung für die Arbeitslosen gefunden wird. Aus Zorn wird in Thann ein alter Austin Seven verbrannt.

Die Arbeiter belagern die Villa. Fr
Schutz fahren sie ins Exil.

d Hans rufen die Polizei. Unter ihrem

Es wird gegrillt, kampiert und Akkordeon gespielt. Die Blockade der Villa beginnt in ausgelassener Stimmung.

Fünf Uhr morgens: Die Polizei befreit die Belagerten. Das Gepäck wird verladen, Fritz und Hans steigen in den Wagen. Eine Stunde später sind sie in Basel.

Drei Männer halten den Wächter ir die Polizei.

Dem Wächter (im karierten Mantel) wird empfohlen, sich ruhig zu verhalten.

Noch ist es Nacht in Mülhausen. Der Wind bläht die gefütterten Anoraks der Männer auf ihrem Weg Richtung Colmarer Straße auf. Treffpunkt ist Punkt 4 Uhr morgens die Burtzweiler Brücke. Vierzehn Mann kommen zu diesem Rendezvous. Damit das Stelldichein nicht Verdacht erregt, wird laut über Fußball und Wochenende gesprochen. Die Tasche über der Schulter, ziehen sie zur Maschinenbaufirma «Manurhin» auf der anderen Seite der Brücke. Doch plötzlich Kurswechsel: Diese biederen Arbeiter haben andere Absichten...

Sie eilen den Brückendamm hinunter und folgen nun den Bahngeleisen. Schneller, schneller! Einige geraten außer Atem. Es ist nicht nur die Hast, auch die Aufregung. In der Kälte laufen die Männer wortlos an einer langen Fabrikmauer entlang. Ein Gitter, das Schnappen einer Drahtschere. Augenblicke später dringt das Kommando in den Hof ein.

Die erste Bresche ist geschlagen, aber das Schwerste kommt noch. Hintereinander hasten die Männer am ersten, dann am zweiten Gebäude entlang. Alles ist still. Nur nicht zu früh entdeckt werden! Im Wächterhaus sitzt jemand. Anscheinend ist er allein. Nur noch wenige Meter. Der Wächter wendet den Eindringlingen den Rücken zu. Schläft er? Oder tut er nur so, als ob er nichts gesehen oder gehört hätte? Ist er bewaffnet? Wird er sich umdrehen? Es wäre dumm, im letzten Augenblick zu scheitern.

«Los!»

Schach. Kein Signal alarmiert

Licht flutet durch den Raum. Nac
das Museum nun seine Geheimniss

wanzig Jahren des Rätselratens gibt reis.

Drei Männer stürzen in das Wächterhaus, werfen sich auf den Mann und hindern ihn, die Alarmtaste zu drücken. Sie ist die Direktverbindung zur Polizei...

«Nur keine Angst. Wir tun dir nichts. Wir sind Arbeiter, genau wie du», versuchen sie den erschrockenen Torhüter zu beruhigen.

Ein Auto naht... fährt vorbei. Im Morgendunst hat das Scheinwerferlicht das Häuschen abseits der Straße kaum gestreift. Der Wächter muß zusehen, wie einer der Eindringlinge nach einem Schlüssel im gläsernen Kästchen greift. Drei Gewerkschaftler bleiben bei ihm, während die anderen auf das Museum zugehen. Ein Mann läuft hinüber zur Spinnerei Glück, die nur einige hundert Meter entfernt liegt. Jetzt steht das Kommando an den sieben Stufen, die zum Hauptbau führen: Der Schlüssel paßt, die Tür ist auf!

Um 4 Uhr 15 sind sie an diesem 7. März 1976 im Innern der Festung, in der ehemaligen Spinnerei HKC. Im Dunkeln glimmen nur die Lichter der Sicherheitslampen. Etwas später gesellen sich zu den Gewerkschaftlern zweihundert Arbeiter von Glück: Die Morgenschicht, meist Frauen.

Alles hat angefangen wie in einem ganz gewöhnlichen Krimi. Im Bruchteil einer Sekunde aber wandelt sich jetzt die Szene in ein Märchen aus Tausendundeiner Nacht.

Nach mehreren Versuchen hat einer der Arbeiter endlich die richtigen Schalter gefunden. Licht flutet durch den riesigen Saal. Vor aller Augen liegt nun das Geheimnis der Schlumpfsammlung. Es ist ganz einfach fabelhaft, schier unbeschreiblich. Die Besucher im Morgengrauen bleiben einen Augenblick lang sprachlos. Da stehen sie,

Die Besucher kommen von überall her. Zwei Jahre lang bricht der Besucherstrom nicht ab.

all' diese Bugatti, Maserati, Mercedes, glänzend von Messing und Chrom. Wieviel sind es? Ungläubig zählt man mehrmals nach: Dieses bunte Kaleidoskop der Karosserien in Rot, Blau, Gelb, Beige umfaßt 437 Fahrzeuge.

Ganz gebannt von diesem Anblick geht nun die Gruppe dieser ersten Besucher durch das Museum. Am Eingang, rechter Hand, befindet sich eine seltsame Gedenkstätte. Zwei Nymphen und zwei Engelsgestalten verbeugen sich vor einem goldumrahmten Porträt: Jeanne Schlumpf, eine ruhige, alte Dame beim Stricken. Ein schwer beschreibbares Gefühl erfaßt die Arbeiter, eine Mischung aus Empörung und Faszination. Die Frauen haben Tränen in den Augen.

«S'esch e Skandal», meint jemand auf Elsässisch.

«Nun wissen wir», ruft eine Arbeiterin aus, «was mit unserem Geld geschah!»

Einem ersten Impuls gehorchend, würden sie gern alles kurz und klein schlagen. Aber im selben Moment begreifen sie auch die Größe dieses Werkes. Wohl ist es der Familie Schlumpf gewidmet, aber es dient doch auch dem Ruhm des Automobils. Diese Fahrzeuge sind Kunstwerke, ein Stück moderner Kunst. Bilderstürmerei wäre umso unüberlegter und absurder, als die Sammlung eine wirkungsvolle Waffe im monatelangen Kampf um die Erhaltung der Arbeitsplätze sein kann.

Allerdings ist das eine zweischneidige Sache: Die Gewerkschaftler haben zwar die Autos als Faustpfand genommen, aber nun sind sie auch dafür verantwortlich. Bei jedem Vorkommnis, im Fall eines Diebstahls oder einer Beschädigung, würden sie von der öffentlichen Meinung angeklagt werden.

Die CFDT, die einzige Gewerkschaft, die im Schlumpfkonzern existierte, wußte genau, worum es hier ging.

Am Sonntag zuvor hatten sich die vierzehn Gewerkschaftler bei Daniel Kelai, Gewerkschaftler in der Firma Glück, getroffen. In aller Stille, damit die Polizei davon nichts erfährt. Bei Kaffee und Schnaps war heftig diskutiert worden: Sollte man das Museum besetzen?

Der Gedanken war nicht neu. Der Sekretär der Gewerkschaftssektion von Malmerspach, Pierre Schoepfer, ist seit Jahren schon dafür. Sein Plan wurde insgeheim von vielen gebilligt. Aber die regionalen Verantwortlichen der CFDT sind nicht alle einverstanden.

«Das Risiko ist zu groß. Wir wissen ja nicht, ob wir die ganze Angelegenheit meistern können», erklärt ein alter Gewerkschaftler, der auf vierzig Jahre Erfahrung zurückblickt.

Doch im Laufe der Gespräche einigt man sich schließlich: 1 200 Personen werden ihre Arbeit verlieren, wenn nichts geschieht. Also muß so oder so gehandelt werden. Ein Zurück gibt es nicht mehr. Die Anhänger der Besetzung sind schließlich in der Mehrheit. Der Regionalchef der CFDT, Jean Kaspar, der seit damals eine prominente Figur des französischen Gewerkschaftswesens geworden ist, entscheidet schließlich kurz, ohne auch nur die Pfeife aus dem Mund zu nehmen:

«Ich bin morgen früh dabei!»

Am 7. März 1977 begleitet er seine Kameraden. Wie alle ist er überzeugt, daß «der Krieg kurz und fröhlich» sein wird.

«In weniger als drei Tage drängt uns die Polizei wieder raus», sagen sie.

Nur ganz kurz, sozusagen versuchsweise wollen die Besetzer also das Museum dem breiten Publikum öffnen. Damit es alle sehen können, vor allem aber die Arbeitschaft von Glück und Malmerspach. Letztere wird am selben Morgen telefonisch benachrichtigt und kommt in den Werkomnibussen.

Vor dem Museum wendet sich Jean Kaspar an Arbeiterinnen und Arbeitern:

«Diese Sammlung ist euer Werk. Ihr sollt sie deshalb respektieren. Respektieren, bewundern, aber nicht anrühren».

«Wie toll...» staunt François Mitterrand.

Man wird also nichts anfassen. Nur einige Pappschilder werden aufgestellt, bevor man betriebsfremde Besucher einläßt. So kann man zum Beispiel lesen: *«Ich verdiente 1 400 Franc im Monat, der Rest war für diese Autos».* Im Hof steht ein altes Fahrrad mit dem Hinweis: *«Das ist alles, was wir den Brüdern Schlumpf lassen».*

Das Museum Schlumpf, das Fritz zuvor nie geöffnet hatte, wird nun zu einer Art gewerkschaftlicher Lehrstätte in «angewandter Pädagogik der Soziologie und der Ökonomie». Es empfängt sogar berühmte Gäste, darunter François Mitterrand, Führer der damaligen Opposition in Frankreich.

«Wie verrückt», sagt er beim Eintritt in die weite Ausstellungshalle, «man meint, man sei bei Ludwig II. von Bayern zu Besuch».

Die Gewerkschaftler haben das Museum *«Musée des travailleurs»* - Museum der Arbeitenden- getauft. Es empfängt nicht nur Politiker der Linken, sondern auch viele andere Menschen, die vor der Visite einen gewerkschaftlichen Vortrag hören:

«Wir lehnen uns gegen vierzig Jahre Ausbeutung auf. Die Arbeit Tausender von Menschen hat es hier zwei schweizer Industriellen erlaubt, Spielzeug für Milliarden Franc zu erwerben. Hier ist die Ausbeutung sichtbar, aber es gibt im ganzen Lande noch Tausende anderer Schlumpfs!»

Nach und nach wird dieser Vortrag anders gewichtet. Wurde anfangs die Idee der Ausbeutung betont, so spricht man zusehends auch von Gerechtigkeit, vom Einfluß der gesellschaftlichen Beziehungen zur Kultur.

«Kultur», sagen die Leute der CFDT, «das sind nicht nur Beethoven oder Rembrandt, das ist

Jean Kaspar, elsässischer Wortführer der CFDT, empfängt François Mitterrand.

Karneval, Theater, Tanzabende: Die Besetzung des Museums hat Volksfestcharakter.

ebenfalls die Arbeit von Frauen und Männern, eine Arbeit, von denen diese Autos zeugen».

Das Publikum steht im Hof und lauscht der Rede des Gewerkschaftlers zu. Etliche scheuen sich nicht zu zeigen, daß sie damit keineswegs einverstanden sind, und beschimpfen sogar die Gewerkschaftler, deren Ausführungen ihnen übertrieben scheinen. Aber die meisten verhalten sich ruhig und still, ehe sie dann langsam im Pilgerschritt den Tempel des Automobils betreten.

Seltsame Pilger: Da stehen Seite an Seite Herren im feinen Anzug, Arbeiter im Overall, Japaner mit dem unvermeidlichen Photoapparat; Nachbarn aus derselben Straße, die nun entdecken, was da nur wenige Meter von ihren Wohnungen entfernt alles gesammelt und aufgestellt wurde; Journalisten aus der ganzen Welt, die gekommen sind, um eine der tollsten «Stories» der letzten Jahre schreiben zu können. Besonders zahlreich sind die deutschen, schweizerischen und österreichischen Berichterstatter, in deren Zeitungen das Ereignis ausführlich behandelt wird.

Besonders zahlreich sind natürlich auch die Liebhaber alter Autos. Die einen brechen in helle Begeisterung aus, nennen Fritz ein Genie und verzeihen den beiden Brüdern ihren industriellen Fehltritt. Die anderen wiederum zeigen sich kritisch und beanstanden einige Details, allem Anschein nach Arbeiten, die in aller Eile erst zum Schluß vorgenommen wurden.

An Ort und Stelle richten sich die neuen Hüter der Sammlung häuslich ein. Sie staffieren Schlafräume aus, da Tag und Nacht gewacht werden muß. Man sucht nach Freiwilligen, um die Räumlichkeiten in Ordnung zu halten. Aber man vermeidet es, die Fahrzeuge abzustauben, um die Gefahr des kleinsten Kratzers zu bannen. Männer, die noch nie Kochlöffel und Geschirrtuch in der Hand hielten, kümmern sich um Küche und Geschirrspülen. Zwischen dem Personal des Museums und dem der Textilbetriebe entsteht eine nie gekannte Eintracht über alle gewerkschaftlichen oder beruflichen Unterschiede hinweg. Frauen, die es noch niemals gewagt haben, in der Öffentlichkeit das Wort zu ergreifen, nehmen das Mikrofon in die Hand, um die Besucher zu empfangen.

Die meisten Besucher empfinden dasselbe gemischte Gefühl aus Bewunderung und Staunen, das bereits das Kommando des 7. März 1977 gespürt hatte. Beim Abschied zahlen sie einen kleinen Betrag in die Kasse.

Jeden Abend rechnet ein anderer Verantwortlicher der Gewerkschaft die so gesammelten Gelder nach. Sie dienen zur Kostendeckung, für Stromverbrauch, Heizkosten und Essen der «Besatzung».

Die Besatzung bleibt im Rampenlicht des Geschehens. Gleichgesinnte Gruppen kommen, verbringen einige Stunden, ja manchmal Tage mit den Besetzern des Museums. Manchmal sorgen Komödianten für Abwechslung. So versucht man sich die Zeit zu verkürzen, denn alles dauert viel länger als erwartet.

Die Spinnerei Glück wird im Juni 1977 durch eine elsässische Textilfirma gekauft. Bei ihrem Abschied raten die Werktätigen von Glück ihren Freunden von Malmerspach, das Museum zu verlassen. Doch letztere weisen diesen Vorschlag zurück.

Was tun die Gebrüder Schlumpf währenddessen? Man hatte sie beinahe vergessen. Aber die einstigen Herren melden sich regelmässig zu Wort. Ihre Anwälte tragen ihre Belange vor. Dreißig Kilometer von Mülhausen entfernt, auf der anderen Seite der Grenze, fechten sie einen langen, juristischen Kampf aus.

Fritz will in erster Linie seine Autos schützen. So fordert er die Räumung des Museums. Die Justiz soll die Besetzer fortjagen. Das Gericht gibt dem Antrag statt, erteilt aber der ausführenden Gewalt keine Anweisungen. Die Wirkung wäre nämlich verheerend. In seinem Exilort bricht Fritz in Schmähungen aus:

«Die französische Regierung ist feige und weiß nicht, wie man die Sicherheit der Güter und der Personen schützt».

Ohne Umschweife stellen die Gericht

Das Museum bleibt im Zentrum des Geschehens. Am 18. April 1978 erhält die Sammlung eine wichtige Garantie: Auf Antrag des Bürgermeisters von Mülhausen, Emile Müller, beschließt die Pariser Regierung, 285 Fahrzeuge, darunter 50 Bugatti, als nationale Kulturgüter einzustufen. Künftig dürfen diese Wagen nicht weiterverkauft werden, schon gar nicht ins Ausland.

Die Lage der Arbeiterschaft hat sich im Laufe der Zeit verändert. Ende 1978 haben die meisten Werktätigen von Glück wieder Arbeit gefunden. Die Spinnerei von Erstein wurde durch einen Freund der Gebrüder Schlumpf übernommen. Leider ist dies nicht der Fall bei der Spinnerei von Malmerspach. Sie findet keinen Käufer. 430 Personen bleiben arbeitslos.

Am Ende ziehen es die Behörden vor, der traditionellen Textilindustrie den Rücken zu kehren und lassen das Werksgebiet in eine Industriezone umwandeln, wo sich verschiedene Betriebe wie die deutsche Firma Interglass niederlassen können. Schluß also mit der Wollspinnerei, die sich hier 135 Jahre zuvor eingebürgert hatte. Dieser Vorschlag wird von der Gewerkschaft angenommen und das Personal beschließt nunmehr, das Museum den Behörden zu übergeben.

Das Faustpfand hat in diesem Kleinkrieg seinen Zweck erfüllt. Dank ihm hat es der Staat vorgezogen, Arbeitsplätze zu retten. Fast auf den Tag genau zwei Jahre nach ihrem Eindringen geben die Besetzer die Schlüssel zurück und ziehen erhobenen Hauptes davon. Im Grunde sind sie recht zufrieden, nicht mehr Museumswächter spielen zu müssen. Sie behalten allerdings das nicht ausgegebene Geld und legen es in einer «Solidaritätskasse» an: In vierundzwanzig Monaten haben 800 000 Besucher mehr als drei Millionen Franc gespendet.

Fritz und Hans Schlumpf gehen in Basel mit Maître Lombard, einem ihrer zahlreichen Verteidiger und einer der berühmsten Anwälte Frankreichs spazieren.

'e beiden Industriellen unter Anklage.

Generalversammlung der Arbeitslosen: es wird beschlossen die Schlüssel zuruckzugeben.

Ein letztes Gruppenbild.

Nach sechs Jahren Konflikt und zwe verkauft.

Obwohl die Gewerkschaftler das Feld räumen, kommen Fritz und Hans bei ihrer geplanten Rückeroberung des Museums nicht voran, im Gegenteil: Während der Besetzung wurden in den Büroräumen von HKC Rechnungen gefunden, die beweisen, daß etliche Arbeiten bei der Restaurierung der Wagen durch die Gesellschaften des Konzerns beglichen wurden.

Diese Dokumente werden einer langwierigen gerichtlichen Untersuchung als Ausgangspunkt dienen. Diese Nachforschung ergibt, daß ein großer Teil des Museums durch die Fritz und Hans Schlumpf gehörenden Gesellschaften finanziert wurde. Von 26,3 Millionen Franc, die zur Entstehung der Sammlung, für Fahrzeugkauf, Instandsetzung, Umbauten ausgegeben wurden, stammen nur 0,8 Millionen aus der Tasche von Fritz Schlumpf.

Zudem werden die Schlumpf beschuldigt, Schiebungen mit Aktien vorgenommen zu haben. Sie haben gegen ein französisches Gesetz verstossen und zwischen den verschiedenen Gesellschaften die von ihnen kontrollierten Aktien getauscht, um so 13 Millionen Franc einzuheimsen. Insgesamt belaufen sich die Veruntreuungen auf mehr als 40 Millionen Franc.

Im Januar 1983 verurteilt das Mülhauser Gericht Fritz Schlumpf zu vier Jahren und Hans zu zwei Jahren Gefängnis. In seiner Urteilsbegründung rügt das Gericht die *«eines Industriellen unwürdige Haltung»*. Fritz und Hans verbüßen jedoch ihre Strafen nicht, da sie seit ihrer Flucht 1976 in der Schweiz geblieben sind.

Womöglich betrübt sie dieses Urteil weniger als ein vorhergehendes: Am 8 April 1981 nämlich hatte das Gericht den Verkauf des Automuseums beschlossen, um die vom Texilkonzern nachgelassenen Schulden zu tilgen.

Für 44 Millionen Franc wurde deshalb die wunderbare Sammlung einer Vereinigung übergeben, in der die Stadt Mülhausen, die Region und der französische Staat vertreten sind.

Diesmal ganz offiziel, und mit dem gehörigen Glanz, wurde das *«Musée national de l'Automobile»* im Juli 1982 eröffnet. Zwei Jahre später ist sein Erfolg außerordentlich: über eine Million Besucher haben das phantastischste Automuseum der Welt seitdem entdeckt. Die Hälfte davon kommt aus Deutschland und der Schweiz.

ahren Besetzung wird das Museum

Zwei Jahre nach seiner Eröffnung zählte das «Musée national de l'Automobile» über eine Million Besucher. Damit steht es an dritter Stelle der großen französischen Museen, nach dem Louvre in Paris und dem Schloß von Versailles.

Schlumpf trifft Schlumpf: Auf dem Genfer Salon 1984 begrüßt Fritz Schlumpf den Präsidenten des schweizerischen Bundesrates, Léon Schlumpf. An der rechten Seite von Fritz Schlumpf der Designer und Karossier Franco Sbarro.

54

Das Rätsel Schlumpf

Das Rätsel Schlumpf

Was bleibt in hundert Jahren von Fritz und Hans Schlumpf im Gedächtnis? Das Bestehen einer Autosammlung, wie es weltweit keine zweite gibt? Die Erinnerung an zwei selbstherrliche Industriebarone, die nicht mehr recht in ihre Zeit passten? Die Saga eines sozialen Kampfes der auf spektakuläre Weise ausgefochten wurde? Die letzten Spuren einer industriellen Epoche, in der die Allmacht und die Arroganz der wenigen den Schweiß und die Wut der vielen erzeugte? Vielleicht von allem etwas: Dies sind bestenfalls Momentaufnahmen, farbig, episch - breit oder barock - ausladend. Lauter Splitter, die schwerlich eine wahrheitsgetreue Gesamtdarstellung ergeben.

Im Fall der Brüder Schlumpf kommt letztlich alles auf die Perspektive an, aus der man die Sache betrachten will. Dort zwei Industrielle, die anmaßend und geschäftig sind; hier die Leute ihrer Umgebung, zwischen Schweigen und Revolte. Hinzu kommt jenes Bühnenbild, das sie selbst geschaffen haben - zuerst eine Fabrik, dann mehrere, und jener Dekor, der ihre Umwelt darstellt, ein Tal und die geschlossene Kaste seiner Herren. Schließlich die genialen Sammler und ihr Museum. Je nach Blickwinkel wird sich die Welt der Schlumpfs anders präsentieren.

Nichts ist anscheinend gewöhnlicher als Aufstieg und Fall der beiden Brüder. Viel Arbeit, große Beharrlichkeit, eine gewisse Skrupellosigkeit, Bildung und Wachstum eines Textilreiches; später die Schwierigkeiten einer Industrie in der Krise, der Zusammenbruch, der Konkurs. Das Leben in unserer Gesellschaft ist voll solcher Schicksale.

Warum also so viel Aufhebens, so viel Streit und Wut, wenn es um Fritz und Hans Schlumpf geht? Wegen des Museums? Wegen der Arbeitskämpfe? Wahrscheinlich wohl. Aber hinzu kommt, daß dies das Ende einer Welt markiert. Der Fall der Brüder Schlumpf wurde in wenigen Monaten weltbekannt, einfach weil er dasselbe

Taxi mit dem Baslerstab: in die Schweiz verbannt (auf der vorhergehenden Seite: auf der Rheinterrasse des Hotels der Drei Könige).

Profil aufwies, das die beiden Brüder all ihren Handlungen gaben: Sie fielen aus dem üblichen Rahmen, den Industriemagnaten sonst respektieren müssen.

Fritz und Hans verdienten viel Geld, sehr viel. Statt es wie unter ihresgleichen üblich, diskret zu vermehren oder es privat zu verpulvern, legten sie damit eine Sammlung an, die sie auf allen Kontinenten berühmt machen sollte. Diese Zeichen ihres Reichtums kamen erst spät zum Vorschein - dann aber mit solchem Glanz, daß es ganz einfach als unerhört empfunden wurde. Ohne diesen so plumpen wie prächtigen Auftritt, ohne diesen Skandal beim Konkurs der Schlumpfs wäre es wohl nicht zu solchen Haß- und Neidausbrüchen gekommen.

Fritz und Hans waren Herren, hatten aber mit anderen Industriellen oder Bankiers weder kollegialen noch freundschaftlichen Umgang. Sie unterhielten seltsame Beziehungen zu ihnen, Beziehungen die gleichzeitig auf Neid und Verachtung beruhten. Wären die Brüder Schlumpf besser in ihre Klasse integriert gewesen, so hätten die Industriellen ihnen 1976 wohl über die plötzlichen Schwierigkeiten hinweggeholfen und die Affäre hätte niemals das bekannte dramatische Ausmaß angenommen.

Fritz und Hans unterhielten wie viele ihres Standes zahlreiche Beziehungen zu ihrer lokalen Umwelt, zu Geistlichen oder Politikern, zu Schulen, Feuerwehren, Beamten. Es gab ab und zu kleine Geschenke, nichts besonderes. Nichts, was der Rede wert gewesen wäre. Nur die Art des Gebens gefiel nicht, sie war herablassend und etwas demütigend. Als sie ins Straucheln kamen, glaubte niemand von denen, die sie so beglückt hatten, ihnen etwas schuldig zu sein und helfen zu müssen.

Fritz und Hans zeigten sich ihren Arbeitern gegenüber autoritär und paternalistisch, eine Mischung, die in den Vogesentälern seit langem üblich war. Aber mit ihrem Fall wurden sie zum Sündenbock für alles Vergangene. Kommt es oft vor, daß streikende Arbeiter den persönlichen Wohnsitz ihrer Direktoren belagern? Auch hier ist der heftige Ausbruch von Leidenschaften auf ihr Verhalten zurückzuführen.

Fritz und Hans sind schweizer Bürger. Im Milieu der elsässischen Textilindustrie besitzen viele Familien die doppelte Nationalität und sind zugleich Franzosen und Schweizer. Da gab es nie Probleme. Den Schlumpfs aber diente ihre schweizer Staatsangehörigkeit als Mittel, sich von ihrer Umwelt abzusetzen. Sie waren in aller Augen die «Fremden» und blieben es. Im Augenblick des Konflikts waren sie vollständig isoliert.

Das Privatleben von Fritz und Hans war ebenfalls nicht alltäglich: Eine seltsame Szenerie, wo sich die fast mystische Verehrung der «lieben Mama» mit Boulevardszenen mischte. Zwei eingefleischte Junggesellen die auf Konventionen hielten und dennoch starken Trieben unterworfen waren. Über die Schlumpfs mochte man schockiert sein oder lachen. Nur Sympathie, die haben sie nie geweckt.

Diese fatale Selbstisolierung war wohl der Grund und Anfang vom Ende der Schlumpfschen

Fritz Schlumpf mit seiner Lebensgefährtin Arlette und ihrer Tochter.

Welt nach 1976, für die Liquidierung ihrer Industriegüter und den Zwangsverkauf des Museums. Mehr Solidarität seitens der örtlichen Industriellen, weniger Feindseligkeit seitens der Arbeiterschaft, einige Hilfestellung durch die Behörde hätten wohl den Gebrüdern Schlumpf erlaubt, das Gesicht zu wahren und vielleicht einen Fuß in ihrem Museum zu behalten.

Es hätte genügt, daß sich die beiden Brüder weniger wirklichkeitsfremd gezeigt, daß sie rechtzeitig, wie sie es auch beabsichtigten, ihr Privatmuseum in eine Stiftung verwandelt hätten - wie es etwa Paul Getty in den Vereinigten Staaten getan hatte -, und die Verfemten hätten die Affäre vielleicht als geehrte und respektierte Sammler von Weltruf überlebt. Es wurde nichts daraus.

Wie war solche Verblendung, die selbst im goldenen Exil in Basel anhielt, nur möglich? Hier liegt wohl das Rätsel und Geheimnis der Schlumpfs. Dieses Buch wollte in Zeugnissen und Dokumenten einige Schlüssel für dieses Rätsel anbieten und dem Leser und dem Besucher des Museums eine Vorstellung vom Geschehenen vermitteln. Alles andere gehört ins Reich von Legende und Traum.

35C
TYPE 35

Die Rückkehr von Fritz Schlumpf

Am Dienstag den 4. September 1990, fast 14 Jahre nach seiner überstürzten Flucht aus Frankreich nach Basel, sieht Fritz Schlumpf seine Sammlung wieder. Den Anlaß dazu bildet eine außergewöhnliche Aktion: Im Mülhauser Museum werden die letzten sechs noch auf der Welt vorhandenen Bugatti Royale und dazu noch eine siebte präsentiert — eine originalgetreue Nachbildung des Museums auf der Grundlage der von Fritz Schlumpf begonnenen Arbeiten (siehe auch seite 119). Das Ereignis war es wert, daß eine juristische und technische Lösung gefunden wurde, die den Besuch des einstigen Sammlers und passionierten Bugatti-Liebhabers unter annehmbaren Bedingungen ermöglichte. Nach überaus komplizierten Verhandlungen unter der Vermittlung von Anwälten kam die Reise des ehemaligen Industriellen schließlich doch zustande.

«Mein Museum»: Diese Worte kommen Fritz Schlumpf bei seinem Rundgang häufig über die Lippen. «Es ist das schönste Museum der Welt und jedermann weiß dies», fügt er hinzu. Trotz der Jahre und trotz der Zusammenstöße mit der Justiz ist der Sammler mehr denn je von der Richtigkeit seiner Haltung überzeugt. Sein unerschütterlicher Wille setzt alle Zeugen dieses Auftritts in Staunen. Der Besuch dauert keine Stunde. Anschließend bricht Fritz Schlumpf erneut in sein goldenes Exil auf. Bestimmter und unergründlicher als je zuvor.

Vierzehn Jahre nach seinem Aufbruch ins Exil findet Fritz Schlumpf — für die Dauer einer Stunde — seine Sammlung wieder. Zu seiner Linken Museumsdirektor Jean-Claude Delerm.

Inhalt

Fotos
Bueb & Reumaux Verlag/Philippe Lortscher: Seiten 6-7, 14, 17, 83, 86 (unten), 87 (unten), 94-95, 97, 98, 99, 101, 102-103, 105, 106, 107, 108, 109, 110-111, 113, 115, 117, 119 (oben und unten links), 120, 121, 126, 127, 128, 129, 130, 131, 132, 133, 134, 135, 136, 137, 138, 139, 141, 155 (oben und Mitte), **Bueb & Reumaux Verlag/Christian Werschiné:** 122-123. **Fallecker:** 16. **Alex Schwobthaler:** 18, 19, 20-21, 27, 34, 35, 36, 52, 56, 72 (unten), 124-125. **Schwaller:** 22-23. **Pascal Gerrer:** 26, 32, 64-65, 72 (oben), 73 (unten), 77, 80-81, 85, 146-147, 148, 149, 150 (oben rechts), 151 (oben links), 152, 153, 154, 155 (unten), 158 (rechts), 161. **Daniel Schmitt:** 30, 31, 61, 62, 150, 151 (Mitte links), 157, 158 (rechts). **AFP:** 38. **Gilbert Tourte-Gamma:** 164-165, 166, 167, 171. **Kirchmeyer:** 40-41, 47, 48, 49, 50, 51, 53. **Weber:** 79. **Mattauer:** 83. **Raffaelli:** 86 (oben), 87 (oben). **Francis Laffon:** 88. **Pflieger:** 89. **Carabin:** 90 (links). **Jean Lehe:** 74 (unten). **Sontrop:** 96. **Kestler:** 92. **Escudier:** 100. **Christine Hart:** 111 (unten links). **René Reinauer:** 151 (unten rechts und links). **Patrick Sies:** 91. **Francis Hillmeyer:** 163 (oben). **Keystone:** 163 (unten). **Roland Fayon:** 168-169. **Musée National de l'Automobile:** 119 (unten rechts).

Achevé d'imprimer en juin 1991
sur les presses de l'Imprimerie Saint-Paul
55000 Bar le Duc, France
Dépôt initial: juillet 1986
Dépôt légal: juin 1991
ISBN 2-86856-002-4
N° 5-91-0502
PRINTED IN FRANCE